9Marks 健康教会九标志

福音真义 What Is the
Gospel?

纪格睿（Greg Gilbert） 著

王悦 译

What Is the Gospel?

Copyright © 2010 by Gregory D. Gilbert

Published by Crossway

          1300 Crescent Street

          Wheaton, Illinois 60187

福音真义

作者：纪格睿（Greg Gilbert）

翻译：王   悦

编辑：赵   洁

ISBN：978-1-940009-16-2

电子书 ISBN：978-1-940009-17-9

除非特别说明，所有圣经引文均来自和合本圣经。

九标志中文事工（cn.9marks.org）

本书是将一个古旧的故事用现代的语言重新阐述，并且警告了我们有可能出现的错谬。即便是对这古旧福音非常了解的人，也会在阅读本书中发现他和其他人一样需要福音。

——柴培尔（Bryan Chapell），圣约神学院院长

纪格睿透过严谨的圣经研究回答了任何人都会问的一个重要问题，同时澄清了可能的误解。即便你认为自己已经知道了神在基督里所做成的好消息是什么，本书仍然可以帮助你更清楚地认识福音的核心之处。

——科林·汉森（Collin Hansen），"福音联盟"（TGC）总编辑

非常荣幸的是，我过去带领和教导过纪格睿，现在他用这本书来教导我。这本有关福音的小书是我近年来读过的最清楚、最重要的书之一。

——狄马可（Mark Dever），国会山浸信会主任牧师

清晰教导福音信息能够让听到的人对福音更有信心，也能让我们对福音的核心真理更加确信。这本小书在这方面做得很好，既清晰，又基于圣经，无论谁读这本书都能从中受益。

——威廉·泰勒（William Taylor），伦敦圣海伦主教门教堂（St. Helen's Bishopsgate Church）主任牧师

纪格睿有一个敏锐的头脑和牧者的心肠，他所写的这本书对福音朋友、新基督徒，以及任何其他想要更多更清晰了解福音的人都会有帮助。我等待这样一本书已经很久了！该书澄清了对福音、对基督的国度和对十字架意义的很多误解。

——凯文·德扬（Kevin DeYoung），基督圣约教会主任牧师

福音是什么？这本简短而又有力的小书用清晰的陈述回答了这个问题。这是对好消息的美好展现。请务必读这本书，并推荐给别人。

——丹尼尔·阿金（Daniel L. Akin），浸信会东南神学院院长

纪格睿是这个世代中神所呼召来全时间服事教会的聪明又信实的年轻传道人之一。在本书中，他将给我们看到一个有穿透力的、忠实又完备的福音信息。没有比认识真正的福音、拆穿错误的福音，并建造一个忠于福音的基督徒群体更重要的事情了。本书出版得正是时候。

——阿尔伯特·莫勒（Albert Mohler），美南浸信会神学院院长

献给莫丽娅（Moriah）

我爱你

非常非常地爱你

目 录

丛书前言

九标志系列丛书的写作基于两个基本前提。首先，地方教会对基督徒生活来说比今天很多基督徒所设想的还要重要得多。作为九标志的同工，我们相信健康的基督徒一定也是健康的教会成员。

其次，当地方教会以神的话语为中心建构时，他们一定也会在基督徒生活和生命质量上成长。神对我们说话时，教会就应该聆听和跟随。很简单，不是吗？当教会聆听和跟随时，教会就越来越像她所聆听和跟随的那位主。教会会反映神的爱和神的圣洁，反映神的荣耀。当教会聆听这位救主时，教会就会越来越像这位救主。

根据以上这两点，读者们会注意到所有的"九个标志"都来自于狄马可的《健康教会九标志》（美国麦种传道会，2009）一书。这九个标志都来自圣经：

- 释经式讲道
- 基于圣经的神学
- 基于圣经的福音信息
- 基于圣经理解悔改归主

1

- 基于圣经理解福音布道
- 基于圣经理解教会成员制度
- 基于圣经理解教会管教
- 基于圣经理解门徒训练与成长
- 基于圣经理解教会带领

当然，教会要健康还有很多要做的事情——比如说祷告，但是这九个标志是我们相信被很多教会所忽视的。所以我们对众教会的呼吁是：不要仅仅关注最佳实践、最新潮的教会成长方法，而是转向神和他的话语。从聆听神的话语开始。

根据这些主张，我们开始组织九标志系列丛书。这些小书将更进一步地展开这九个标志，并从多个角度展现这些标志的意义。有些是写给牧师们的，有些是写给基督徒们的。我们希望这套小书能够认真地将圣经解释、神学思考、文化回应、团体应用和甚至个人成长都结合在一起。好的属灵书籍应该同时具备神学性和实用性。

我们也为此祷告，求神使用这本书和其他小册子帮助预备基督的新妇——教会，使她在主来的时候能够预备好、容光焕发。

序

在三十多年的神学教学生涯里，我发现神学生们问的最有争议的问题在每个世代都不一样。对整个基督徒群体来说，情况也是如此。曾经一度，只要你抛出这样的问题："你如何看待灵恩运动？"或"圣经无误论是否值得维护？"或"你对慕道友导向的教会有何看法？"，就保证会引发一场热烈的讨论。现在也有很多人愿意讨论这些问题，但是讨论过后通常只有殆尽的余温和微弱的亮光。诚如本书作者所指出的，如今最可能会引发争论的问题是：什么是福音？有人可能还会加上这个问题的"近亲"：什么是福音派？

针对上述问题产生了各种相互抵触的答案，它们常常教条地维护自己的观点，但依据却极少来自于圣经。这种情况十分令人担忧，因为这些都是极其基本的问题。当"福音派人士（evangelicals）"对"何为福音（evangel）"（"福音派人士"的英文单词evangelical的字根evangel是"福音"的意思，与gospel同义）也持有各种极为不同的观点时，人们会得出结论：要么说，福音派作为一场运动只是某种不同的现象，他们既没有一致性的福音，也没有对神"一次交付"给我们、他的子民"的真道竭力争辩"的责任感（犹 3）；要么说，很多人自称是"福音派人士（evangelicals）"，但实际上却不是，因为他们已将"福音（evangel）"，也就是我们所说的"福音（gospel）"抛诸脑后了。

走近纪格睿，你会发现他的这本书并非要在重新审视那些绝不该被忽视甚或丢弃的古旧阐释时，开辟另一片全新的天地。纪格睿清晰的思维和缜密的表达，是值得赞赏的。这本书能帮助更多成熟的基督徒变得思维敏捷和犀利。然而更重要的是，这本书值得广泛推荐给教会带领、年轻基督徒，甚至是尚未信主但想清楚了解何为福音的人。认真阅读本书，然后买上一箱送给更多的人吧。

D.A. 卡森

导　论

什么是耶稣基督的福音？

或许你认为这是个不难回答的问题，特别是对基督徒而言。你可能会想，写本书让基督徒认真思考"什么是耶稣的福音"，真是多此一举。这就像是让木匠们坐下来思考"什么是锤子"一样。

毕竟耶稣基督的福音是基督教的核心，我们基督徒也宣称福音高于一切。福音是我们建造生命、建立教会的根基，是我们和他人谈论的内容，更是我们祷告祈求人们可以听到并且相信的信息。

尽管如此，你认为大部分基督徒对福音的把握有多牢固？如果有人问你："你们基督徒一直传讲的这个消息究竟是什么？它到底好在哪里？"你会如何回答呢？

我对此的体会是，太多基督徒的回答与圣经中所讲的"耶稣基督的福音"相距甚远。他们也许会告诉你："福音就是，只要你相信神，他就会原谅你一切的罪。"或者有人说："好消息就是神爱你，他对你的生命有一个奇妙的计划。"又或者说："福音说的是，你是神的儿女，而神希望他的儿女在方方面面都大获成功。"有些人可能知道，福音很重要的部分是耶稣在十字架上的死和他的复活；但问题是，该如何把这重要的部分融入到我们所传的福音中呢？

实际上，让基督徒对"何谓福音"这个问题有一致的答案，不是那么理所当然的。我在一个名为"健康教会九标志（9Marks）"的事工中服侍，它隶属于在美国华盛顿特区的国会山浸信会（Capitol Hill Baptist Church）。总体而言，那些阅读和评论我们资料的人基本上是福音派基督徒中非常小的群体。他们相信圣经的真实无误，相信耶稣死在十字架上并且身体从死里复活，也相信每个人都是需要救恩的罪人，而他们都希望自己成为以福音为中心、并被福音浸润的人。

但是在我们所发表的各类文章中，你觉得哪个话题会引发最大量的评论和最热烈的回应呢？是的！就是福音。我们连续数月发表谈论讲道、门训、辅导、教会体制，甚至教会音乐的文章，读者的回应经常是有趣味但没有新意。但当我们发一篇文章，试图阐明圣经教导的基督教的好消息，回应却是令人震惊的。

不久之前，我的一个朋友在我们的网站上发了一篇短文，文章讲了某知名基督徒艺人在一次采访中被问到如何定义基督教的好消息。那个艺人的回答是这样的：

> 这真是个好问题。我想我可能……我的第一反应
> 会说福音就是耶稣的到来、生活、死亡和复活，以及

万物因他被恢复的已然和未然……这一切都是因他自己而发生的……使万物都得以被归正……而这也在基督徒的生命和内心里带来了一个开始，也成就了一种现实。不过，有一天会完全实现。但是好消息，福音，我会说那就是他的国度将要降临的消息，开启他国度降临的序幕……这就是我直觉性的回答。

一些人在回应这篇文章时提出了这样的问题："当我们在阐述基督教的福音时，不应该对耶稣的受死和复活进行解释吗？"或者"我们不是应该谈论罪，以及我们需要救恩来逃避神对罪的忿怒吗？"

这一系列文章的回应实在令人感到不可思议。我们在几个月里收到了大量的回应信息。一些人写信对我们所提出的问题表示感谢；也有人认为这样表述福音没有不妥，因为耶稣也曾传讲过神国的到来；还有人只是对基督徒认真思考如何表述福音而颇感新鲜。

从某些方面来看，我很高兴基督徒在讨论福音问题时如此兴奋。这意味着他们对福音态度认真，并且对"何为福音"有着深入的思考。基督徒若对如何定义和理解福音漠不关心，那将毫无属灵健康可言。但另一方面，我认为这种对福音的讨论所产生的能量，也显明现今福音周围的那层迷雾。当你真实地去面对它时，基督徒，即使是那些自称为福音派的基督徒也无法对"何为福音"这一问题达成一致。

如果随意问一百个自称为福音派的基督徒"什么是耶稣的好消息",你可能会得到大概六十种不同的回答。听福音派的讲道,阅读福音派的书籍,浏览福音派的网站,你也会发现对福音不同的描述,而其中很多是彼此抵触的。我在此仅列出其中的几个:

> 好消息就是神要向你彰显他无比的慈爱。他要给你的生命注入"新酒",但是你愿意丢掉你的"旧皮袋"吗?你是否愿意拓展你的思维、开阔你的视野,并且丢掉那些让你停滞不前的消极思维模式呢?

> 福音就是一句话。因为基督为我们而死,那些凡信他的人可以知道他们所有的罪已经被一次性地赦免。我们在神的审判台前该说什么呢?只有一件事:基督替我而死。这就是福音。

> 耶稣的信息可以被称为史上最具革命性的信息:"神具有根本革命性的国度已经到来,它借着和好与和平被推动,借着信、望、爱被扩张,始于那些最贫穷、最软弱、最温柔和最卑微的人。是时候转换你的思维了。一切都要改变。是时候开始一种新的生活方式了。相信我。跟随我。相信这个好消息,然后你就可以学习倚靠它生活,并且参与到这场变革中来。"

好消息就是说，无论你曾经做过什么、曾经去过哪里、犯过多少错误，神都不会转离你。他爱你，他正转向你、寻找你。

福音本身意味着宣告耶稣，那位被钉十架并且复活的弥赛亚是世上独一的真神。

好消息！神已经作王，并借着耶稣成就了这一切！因此，看这一切：神的公义、神的平安、不断被更新的神的世界。我们身处其中当然就是好消息。但那只是好消息的衍生品或必然结果。关于耶稣的，并且对你、对我、对我们有着某种次要影响的信息。然而福音本身并不是说因为你属于这一类人，所以福音才能临到你。那只是福音的结果，而非福音本身。……救恩是福音的结果，但并非福音本身的核心。

所谓福音就是传讲耶稣，这包含两层意思：一个是传讲耶稣所宣告的一切，神的领域（他的"国度"）降临在人类世界的范围之中；另一个是传讲耶稣的一切，耶稣死和复活的好消息，耶稣将他所传讲的国度赐给了我们。

作为一个基督徒，我努力活出某种特定的生活方

式，而耶稣教导的方式的确可行，并且我认为耶稣的
方式是最佳的……当你有意识地不断去按照耶稣的方
式生活，久而久之，你就会开始注意到一些深层次的
东西。你开始明白，之所以这是一种最佳的生活方式，
是因为它植根于那些与世界相关的真理之上。你会发
现自己与终极现实的步调越来越和谐，也与这个世界
最深层次的现实越来越同步……而早期的基督徒把耶
稣的这种方式称为"好消息"。

　　我对耶稣的好消息的理解是，他教导我们在当下
如何生活在神的同在中，就在此时此地。这就像是耶
稣一直在说："改变你的生活，以这种方式生活。"

　　现在，你明白我所说的"福音被一层迷雾环绕"的意义
了吧。如果你从未听说过基督教，那么读了上述种种说法，
你会作何感想？很显然你会知道基督徒想要传达某种好消息。
但是除此之外，简直是一团乱麻。好消息仅仅是神爱我，是
我应该开始更积极地思考吗？或者是说耶稣真是一个教我如
何爱人、怜悯人的好榜样？好消息可能与罪和赦免有点关系
吧。显然有些基督徒认为这个好消息和耶稣的死有关，而另
一些人却不这么认为。

　　我在此列出这些看法，重点不是这会儿判定其中哪些略胜
一筹、哪些稍显逊色，而是想让你知道谈到"何为福音"时，

人们的头脑里会冒出形形色色的想法来。不过我希望读过本书之后，你能够知道如何判定这些看法。

在本书中，我想对这个问题给出一个明确清晰的回答，这个回答基于圣经本身对福音的教导。在此过程中，我对以下几件事情满怀期待并为之祷告。

第一，如果你是一个基督徒，我祷告求神借这本小书，借这本书讲述的荣耀的真理，使你的心因耶稣基督为你所成就的一切而充满喜乐和颂赞。虚弱的福音只能带来虚弱的敬拜。虚弱的福音使我们的目光从神落到自己身上，并且使神在基督里为我们所成就的一切变得廉价。但是基于圣经的福音如敬拜炉中的燃料，你越明白、相信和倚靠福音，你越会因神所是，以及他在基督里为我们所做的而爱慕他。保罗曾如此感叹："深哉！神丰富的智慧和知识。"（罗 11:33）而这正是因为他的心被福音所充满。

第二，我期待读这本书能让你和别人谈论耶稣的好消息时更有信心。许多基督徒因为害怕无法回答朋友、家人、熟人提出的全部问题，以致在分享福音方面非常迟疑踌躇。事实是无论你是谁，你永远都不可能回答出所有的问题！但是你可以回答其中的一些问题，而我期待这本书能帮助你回答出更多的问题。

第三，我祷告求神使你看到福音对教会生活的重要性，从而使你努力地将福音在教会生活的各个层面被传讲、被歌唱、被祈求、被教导、被宣扬、被聆听……保罗说，神百般的智慧

正是借着教会在全世界被传扬。这是如何实现的呢？就是通过传福音，将神永恒的救赎计划显明给"世人"。（弗 3:7–12）

第四，我期待这本书帮你在你的头脑中和内心里为福音建立界限。福音是清楚明了的信息，以尖锐且能苏醒人心的真理，插入这个世界的观念和次序中。然而可悲的是，在基督徒当中，甚至是在福音派的基督徒当中，总是存在试图模糊某些界限，以便使福音更容易被世界接受的倾向。因此我祷告，这本书能够被用于持守这些界限、防止对福音核心真理的侵蚀，即使那些真理常常令这个世界"难以下咽"。我们每个人都会被试探，以成为人见人爱的见证人为借口，竭尽所能地以吸引人的方式来呈现福音。这在某些方面是好的，毕竟福音是个"好消息"，但是我们也决不能回避福音中尖锐的部分。我们必须持守整全的福音，我希望这本书能对此有所帮助。

最后，如果你不是一个基督徒，那我祷告求神借本书使你对耶稣基督的好消息有深入的思考。这就是我们基督徒以整个生命为押注的消息，我们也相信你需要对这个消息做出回应。如果世界上真有什么东西不容你忽视，那就是神所说的："好消息！这是使你在我的审判中蒙拯救的好消息！"这也是需要人用心倾听的宣告。

复习与讨论

本章回顾：福音有许多不同定义。因为一些定义比另一些更好，我们必须带着分辨来认识。对于福音持有一个清晰且符合圣经的理解会让基督徒心生赞美和喜乐；让他们在谈论信仰时更有信心；也能让他们更加确信他们的教会所维护及持守的圣经真理。同样地，正确地明白福音能促使非基督徒在了解并知情的状况下思考和回应。

钥节：《以弗所书》3 章 7 至 12 节

1. 用你自己的话解释基督教所说的好消息（福音）是什么？

2. 在 8 至 10 页作者列举出了一些对"福音"的定义。你能认出哪几种是你遇到过的？对你来说，哪些解释很清楚，哪些好像不够清楚？

3. 持守福音的界限如何影响我们的日常生活、我们的见证以及我们的信心？为什么清晰明白（地阐释福音）至关重要？（10 至 12 页）

4. 你是否在与别人交谈时试图模糊福音的界限？请说明是怎样的情况？

5. 如果你还不是一名基督徒，对作者在导论结尾部分的论述有什么看法？"如果世界上真有什么东西不容你忽视，那就是神所说的，'好消息！这是使你在我的审判中蒙拯救的好消息！'"（12 页）

第一章　　在圣经里找福音

你知道 GPS 导航系统在美国城镇引起混乱了吗？对小城镇而言尤其如此。对生活在大城市的人们来说，这个小装置是救命工具。安装上 GPS，输入地址，然后就可以出发了。不会再错过出口，不会再拐错弯。只有你，你的车，你的 GPS，然后"叮，您已经到达目的地"。

最近我刚买了人生第一个 GPS，主要是为了应对华盛顿特区错综复杂的道路系统。不过我用 GPS 后第一次栽跟头却不是在华盛顿，而是在我的家乡德克萨斯州的林登市（Linden），一个乡下僻壤的弹丸之地。

我发现我的 GPS 在华盛顿纵横交错、迂回曲折的街道导航时，毫无问题。奇怪的是在林登遇到了麻烦。GPS 确定存在的路，不存在；GPS 坚持可以拐弯的地方，没法拐；GPS 认定目的地所在的地方，结果还要沿街再开上几百米，或者根本不存在。

很显然 GPS 系统对小城镇的忽视已逐渐成为问题。ABC 新闻频道有这样一则报道：原本该跑在高速路上的车，因为 GPS 系统的引导跑上了社区里的马路，把社区道路变成了商业大道。还有其他的问题。加利福尼亚州一个倒霉的家伙很确定他是按照 GPS 系统的指示，右转拐到一条乡村公路上，结果发现自己卡在了一条火车轨道上，眼前一列火车正开着头灯向他驶近！这位小伙逃过一劫，但是他租来的车，还有车上惹祸的 GPS 却没有落个好下场。

美国汽车协会的一位代表对此表示了一定的同情。"很显然 GPS 不应该让他右拐跑到铁轨上，"他说，"但是一台机器让你去做可能有危险的事，并不意味着你就应该听它的。"确实如此！

那么问题出在哪里？ GPS 生产商说问题不在 GPS 身上。GPS 做的正是它应该做的事情。其实问题出在导航系统下载的地图上。特别是对于小城镇，人们发现 GPS 系统应用的地图通常已经过时几年甚至几十年了。有些地图只是城镇发展中的规划图，结果如何？规划图上的某个建筑实际上建在了另一个地方，本来要修建的路实际上没有修建，或者最后修的不是公路而是铁路。

GPS 就像我们的人生，重要的是从可靠的来源得到信息！

什么是我们的权威？

当我们回答"什么是福音"这个问题时，道理是一样的。从一开始，我们就要决定使用什么信息来源来回答这个问题。对福音派来说，答案通常再简单不过：我们在圣经里找答案。

这话没错，但是我们需要知道，并不是每个人都完全赞同这一回答。不同的"基督教"传统就权威这一问题有很多不同的回答。例如，一些传统认为我们对福音的理解应该不只是、甚至首先不是建立在圣经话语的基础上，而是应该建立在基督教传统的基础上。他们争论说，如果教会相信某些事时间够久，那我们就应该认同其真实性。还有些传统认为，我们是通过理性思辨来认识真理的。自下而上地建构我们的知识体系——例如由 A 得出 B，进而得出 C，最后导出 D——会让我们真实地了解我们自己、世界和神。还有传统认为，我们应该在自身经验中寻找福音的真义，认为与我们的心灵最有共鸣的认识就是我们对自己和神的真实认识。

但是如果花些时间考虑一下，你会意识到，这三个可能的权威来源最终无法提供真正的权威。传统最终让我们倚靠的不过是人的想法。那么理性思辨呢？任何一位哲学新手都会告诉你，理性思辨只会让我们在怀疑主义中摇摆不定（例如，试着证明你不是另一个人想象中的存在，或者证明你五种感官的真实可靠）。个人经验则让我们倚靠自己变幻无常的心来决定什么是真的，大部分诚实的人都认为这一观点只会让人心神不宁。

那么我们怎么办？我们去哪获得真理，耶稣基督的好消息究竟是什么？作为基督徒，我们相信神已经透过他的话，即圣经，向我们说话。而且我们相信，神在圣经里所说的是绝对无误、真实可信的，因此不会带我们走向怀疑论、绝望或是不确定，而是走向信心。"圣经都是神所默示的，"保罗说，"于教训……是有益的。"（提后 3:16）在《诗篇》18 章 30 节，大卫王写道：

至于神，他的道是完全的；耶和华的话是炼净的。

因此，要知道神告诉我们的耶稣和福音的信息，我们就要到圣经里去找。

在圣经哪里找？

我们去圣经的哪里找福音呢？我想我们可以采用几种不同的方法。一种方法是查看所有在新约里出现的"福音"一词，尝试总结作者们在使用此词时有何意思。肯定在一些地方，作者们有认真地定义此词。

使用这种方法可以获得重要信息，但是也有不利之处。一个弊端是通常在新约里，某个作者显然是想概述基督教的好消息，然而却根本没用"福音"这个词。以《使徒行传》第二章彼得在五旬节的讲道为例。这里肯定是一篇基督福音的宣讲，然而彼得从未提到"福音"一词。另一个例子是使徒约翰，在其所有的新约著作中，他只用了一次"福音"一词（启 14:6）。

眼下，为了定义基督教福音的主要内容，我建议不使用字词研究的方法，而是查看早期基督徒就耶稣及其生活、死亡和复活的意义作何谈论。如果看圣经中使徒们的著作和讲道，我们就会发现，他们时而简略解释自己从耶稣那里学到的好消息，时而详细解释。或许我们也能辨析出一些共同的问题、某个相同的真理框架，而使徒们和早期基督徒就是围绕这个框架宣讲耶稣的好消息。

《罗马书》1 至 4 章里的福音信息

寻找福音的基本解释，最佳经文之一是保罗写给罗马人的书信。《罗马书》细致、逐步地表达了保罗所理解的好消息，可能比圣经的其他书卷都要清楚。

事实上《罗马书》这卷书谈不上是一本书，至少不是我们通常所理解的书。《罗马书》是一封信件，保罗以此向一群素未谋面的基督徒介绍他自己和他的信息。这也是此书信让人感到细致和逐步展开的原因。保罗想要这些基督徒了解他、了解他的事工，特别是他的信息。保罗想让他们知道，他所传讲的好消息就是他们所相信的好消息。

"我不以福音为耻，"保罗提笔到，"这福音本是神的大能，要救一切相信的。"（罗 1:16）从这里，特别是通过前四章，保罗极其详细地解释耶稣的好消息。在看这四章时，我们会发现，保罗是围绕一些至关重要的真理，来架构他的福音呈现。这些真理在使们传讲的福音中多次出现过。让我们看一看保罗在《罗马书》一至四章里的思路。

首先，保罗告诉读者，他们伏在神的审判之下。在《罗马书》第 1 章 1 至 7 节的介绍性话语之后，保罗开始呈现福音，宣告"神的忿怒从天上显明"（罗 1:18）。从一开始，保罗就坚持人类不是自治的。我们未曾创造自己，我们既不是倚赖自己，也不是自己审判自己。神创造了世界和其中的一切，包括我们。因为神创造了我们，所以他有权要求我们敬拜他。保罗在第 21 节说："因为他们虽然知道神，却不当作神荣耀他，也不感谢他。他们的思念变为虚妄，无知的心就昏暗了。"

因此保罗控诉人类：人不荣耀神，也不感谢神，是有罪的。作为神所创造和拥有的人，我们应当献给神他配得的尊贵和荣耀，在我们的生活、言行、心思意念中，承认他对我们的权柄。我们是他所造的，为他所有，倚赖于他，因此也伏在他的审判之下。这是保罗在解释基督教的好消息时竭力阐述的第一点。

第二，保罗告诉读者，他们的问题在于他们反叛神。他们以及所有人都没有按照他们本当做的荣耀神、感谢神。他们无知的心昏暗了，他们"将不能朽坏之神的荣耀变为偶像，彷佛必朽坏的人和飞禽、走兽、昆虫的样式"（罗 1:23）。这难道不是一幅反叛的画面吗？人类思量他们的造物主，然后认为青蛙、鸟，甚至人的木像或金像更为荣耀，更让人满意，更有价值，这是对神最大的羞辱及背叛。这是罪的根源和本质，其结局恐怖至极。

在接下来三章的大部分内容里，保罗反复强调这一点，控告人类都是得罪神的罪人。第一章中保罗的焦点是针对外邦人，在第二章保罗同样强烈地针对犹太人。保罗知道最自以为义的犹太人会赞赏他斥责外邦人，所以在第 2 章 1 节，保罗笔锋一转，将控告指向鼓掌的人："因此你也无可推诿。"保罗说，和外邦人一样，犹太人也违背了神的律法，也伏在神的审判之下。

在第三章中间部分，保罗指出世上每个人都犯了悖逆神的罪。"因我们已经证明：犹太人和希腊人都在罪恶之下。"（罗3:9）保罗令人警醒地总结说，当我们站在审判者神面前，所有人的口都要被塞住。没有人能为自己辩护。没有任何理由可陈述。全世界，包括犹太人和外邦人，我们每个人都要完全伏在神的审判之下（罗3:19）。

严格地说，目前这两点根本不是好消息。事实上是极其糟糕的坏消息。神圣洁公正，他造了我，我却背叛了他，这不是一件让人高兴的事。但这个很重要，因为它为好消息铺了路。只要想一想便明白，有人对你说："我来是要拯救你！"并不真是一个好消息，除非你真的认为自己需要被拯救。

第三，保罗说，神以耶稣基督的献祭牺牲和复活来解决人类的罪。在公义的神面前，我们罪人面临困境。在摆出这一坏消息后，保罗此刻转向好消息，耶稣基督的好消息。

"但是现在，"保罗说，尽管我们是有罪的，"如今，神的义在律法以外已经显明出来。"（罗3:21）换句话说，人类还有一条路，可以在神面前被算为义，而不是不义；被宣告无罪，而不是有罪；被称义，而不是被定罪。而这与更好的行为、更加公义的生活毫无关系。这是"在律法以外"的。

那这是如何发生的？保罗在《罗马书》第3章24节中简言直述。尽管我们悖逆神，面临无望的境地，但我们可以"蒙神的恩典，因基督耶稣的救赎，就白白地称义"。借着基督代

赎牺牲的死和复活，因着他的宝血和生命，原本因罪该受惩罚
的罪人可以蒙拯救。

不过，保罗还回答了一个问题。这个好消息如何成为我的
好消息？我如何得到这个应许的救恩？

最后，保罗告诉读者他们如何得到救恩。这是他在第三章
结尾到第四章开头所写的内容。神所预备的救恩是"因信耶稣
基督"，"加给一切相信的人"（罗 3:22）。那么，救恩如何成为
我的，而非只是别人的好消息呢？我是如何被接纳到救恩中
的？借着信耶稣基督。借着信靠是他拯救我，而非别人。"惟
有不做工的，只信称罪人为义的神，"保罗解释说，"他的信就
算为义。"（罗 4:5）

四个关键问题

看了保罗在《罗马书》第一到四章的论述后，我们可以看
到，保罗宣告的福音有核心内容，这核心内容回答了四个关键
问题：

- 谁创造了我们？我们在谁的审判之下？
- 我们出了什么问题？换言之，我们有麻烦了？为什么？
- 神如何解决这个问题？为要救我们脱离这个问题，他做
  了什么？
- 此时此地，我自己如何被接纳到救恩中？是什么使这个
  好消息不只是别人的好消息，也是我的？

我们可以这样概述这四个要点：神、人、基督和回应。

当然对于蒙基督救赎的人，保罗接着展开神赐下的其他应许，并且很多应许可以说是基督教的好消息，是耶稣基督福音的一部分。关键是从一开始我们就要明白，所有这些美好的应许都是依赖福音、源于福音的，即基督教好消息的核心及源头。这些应许唯独赐给那些因信被钉十字架又复活的基督而罪得赦免的人。这就是保罗为何在宣讲福音的时候，从这四个关键真理开始。

新约其他部分的福音信息

不只是保罗提到这四个关键真理。在阅读新约中使徒们的著作时，我看到他们一次又一次回答的正是这四个问题。无论还有什么别的内容，他们福音呈现的中心似乎就是这四个问题。处境不同，角度不同，词语不同，方法不同，然而无论如何，早期基督徒总是以某种方式涉及这四件事情：我们伏在创造我们的神的审判之下。我们犯罪得罪了神并将被审判。但是神借着耶稣基督拯救我们，我们通过认罪悔改、信靠耶稣而得救恩。

神、人、基督、回应。

让我们看看新约其他概述耶稣的福音的篇章。以保罗在《哥林多前书》第 15 章 1 至 5 节的名言为例：

> 弟兄们，我如今把先前所传给你们的福音，告诉

你们知道。这福音你们也领受了，又靠着站立得住；并且你们若不是徒然相信，能以持守我所传给你们的，就必因这福音得救。

我当日所领受又传给你们的，第一，就是基督照圣经所说，为我们的罪死了，而且埋葬了，又照圣经所说，第三天复活了，并且显给矶法看，然后显给十二使徒看。

你看到这里的中心结构了吗？保罗在此不像在《罗马书》第一到四章那样详细阐述，但是主要轮廓清晰可见。人类身陷囹圄，陷入"我们的罪"中，需要"得救"（虽未明确指出，却显而易见是需要从神的审判之下被拯救）。但是救恩出自"基督为我们的罪死了……埋葬了……复活了"。要获得救恩，就要通过"持守我所传给你们的"，要通过真实的相信，而不是徒然相信。所以就是：神、人、基督、回应。

甚至在《使徒行传》所记载的讲道中，福音的这一中心框架也呈现得非常清楚。彼得在五旬节向人传讲耶稣的死和复活，让人对此作出回应。他说："你们各人要悔改，奉耶稣基督的名受洗，叫你们的罪得赦。"（徒 2:38）我们再一次看到，彼得的呼吁不是很详细，也没有明确指出神的审判，但四个核心真理一样不少：你需要神赦免你的罪，而不是因你的罪而审判你。解决之道：耶稣基督的受死和复活，这是彼得在其讲道中已经详细讲论的。需要的回应：悔改和相信，并以受洗来表明。

彼得的另一篇讲道，《使徒行传》第 3 章 18 至 19 节中，又有这四个关键真理：

> 但神曾藉众先知的口，预言基督将要受害，就这样应验了。所以你们当悔改归正，使你们的罪得以涂抹。这样，那安舒的日子就必从主面前来到。

问题：你的罪需要被涂抹，而不是被神审判。解决方法：基督受害。回应：借着信心悔改并转向神。

再看看彼得对哥尼流及其全家传讲福音：

> 他在犹太人之地并耶路撒冷所行的一切事，有我们作见证。他们竟把他挂在木头上杀了。第三日，神叫他复活……众先知也为他作见证，说：'凡信他的人，必因他的名得蒙赦罪。'"（徒 10:39-43）

得蒙赦罪，是因那位被钉十字架并且复活的基督之名，救恩是为信他的人所预备的。

保罗在《使徒行传》第十三章传讲同样的福音：

> 所以弟兄们，你们当知道：赦罪之道是由这位耶稣传给你们的。在你们靠摩西律法不能称义的一切事上，信靠他的人就得称义了。（徒 13:38-39，新译本）

又一次，清楚可见的框架是：神、人、基督和回应。你需要神赐你"赦罪之道"。因着耶稣，为"信靠他的人"而成就。

以多种方式阐释核心真理

这个"神—人—基督—回应"的结构显然不是用来照搬的万能公式。使徒们在宣讲福音时，并不需要讲完每一点就在这个清单上打个勾。考虑处境、讲道时间的长短和听众的身份，他们解释这四点时会有所侧重。有时其中一点或几点不是明确地讲，而是暗含在讲道之中，特别是我们伏于神的审判之下，以及我们需要从神而来的赦免这个事实。不过话说回来，使徒们最经常的传道对象是犹太人，他们非常了解这个事实，这一事实已经深植于犹太人的头脑中。

另一方面，保罗在亚略巴古与一群异教的哲学辩士谈论时，他从创世讲起，从神讲起。保罗在《使徒行传》第十七章的讲道常被引用，作为向异教文化传讲好消息的例子，但是这篇讲道很有趣、有不凡之处。仔细阅读，你会发现保罗根本不是在传讲基督的好消息，而是在传讲坏消息。

"我来告诉你们这位你们不认识却为之设了个坛的神。"保罗实际上是这样开始的。然后在第 24 至 28 节，保罗向他们解释有一位神，这位神创造了世界，叫我们敬拜他。基于此，保罗在第 29 节转而解释罪的概念，以及罪的根源是敬拜受造之物而不敬拜神，保罗宣告神要"藉着他所设立的人"审判他的听众，神已叫他所设立的人从死里复活了（徒 17:31）。

然后保罗不讲了！仔细看看。没有提到赦罪，没有提到十字架，也没有赦罪的应许，只是宣告了神的命令，并传扬了复活的信息，作为将来审判的凭据！保罗甚至没有提到耶稣的名字！

究竟是怎么回事？保罗在此没有传讲福音吗？没有讲，那时没有。在保罗这次的公开讲道中，没有福音信息，没有好消息。保罗传讲的都是坏消息。但是看第 32 至 34 节，圣经说有人想再听保罗所讲的，并且其中几个人最后信了主。显然保罗是在后来传讲了好消息，告诉人们，罪人可以从将要来的审判下被拯救，可能是公开传讲的，也可能是私下里。

和其他使徒一样，保罗完全能够以多种方式传达福音的核心真理。但重要的是要明白，事实上福音在当时含有几个核心真理，而从保留给我们的讲道和书信中，我们清楚地知道这些核心真理曾经是什么，现在亦然。在《罗马书》《哥林多前书》，在《使徒行传》的讲道中，以及在整本新约圣经中，早期基督徒围绕着几个关键的真理来构架他们的福音传讲。

首先是坏消息：神是你的审判官，你得罪了他。然后是福音：但是耶稣已经受死，所以罪人若悔改、信耶稣，他们的罪就会被赦免。

复习与讨论

本章回顾：我们想要对基督教所说的好消息有一个可靠的总结，并不是通过基督教的传统或者我们自己的经验，也不是通过理性和思辨。我们是通过上帝启示出的话语认识福音，神的话启示我们四件关于我们自己的事：

第一，神作为创造主和君王统治我们。

第二，我们犯罪得罪神，因此我们是有罪的。

第三，出路不是借着我们自己的努力，而是借着基督的牺牲。

第四，我们必须在信心里回应。

钥节：《诗篇》18 篇 30 节；《使徒行传》2 章 14 至 41 节；《罗马书》1 章 16 节，3 章 10 至 20 节；《哥林多前书》15 章 1 至 5 节；《提摩太后书》3 章 16 至 17 节

1. 如果想要定义福音，你会去哪寻找答案？比起传统、人的理性或人的经验，为什么圣经是忠实定义福音的可靠资源？（16 至 18 页）

2. 你能想到哪一节经文或哪一个圣经故事可以最清晰地定义福音（也就是基督教的核心信息）。你为什么选它？

3. 因为神是创造主，一切受造物都依赖于他；所有受造物（包括人在内）都理应荣耀、赞美他。是否有这样的时刻或情况，你忽视了神对你生命应有的主权，没有献给神他配得的尊贵和荣耀？请举例说明。（20 页）

4. 我们需要福音带来的好消息，因为这个世界也有一个关于生命的坏消息。再读《罗马书》3 章 10 至 20 节。这个坏消息是什么？你是否在自己或他人的生命中看到这样的问题上演？（21 页）

5. 阅读《罗马书》3章21节。为什么保罗的转折——"但是现在"——如此重要也如此令人惊喜？基督做了什么来挽救这个无法救赎的状况？（21至22页）

6. 现在读《罗马书》3章21至31节。保罗在这11节经文里重复了8次"信"。为什么这如此重要？（21至22页）

7. 作者用四个词概括了福音："神、人、基督、回应。"（22至23页）。你是否可以用这4个词在一分钟以内阐释福音。（27页）

第二章　神，公义的创造主

让我把你介绍给"神"（注意这里是打引号的"神"）。

进门之前，你可能要降低一下音量。这会儿这位神可能正在睡觉。他老了，不太了解、也不太喜欢这个"光怪陆离"的现代世界。他的黄金时代早在我们大部分人出生以前就已逝去，那时候人们真听他的话、让他说了算，他也常谈起那些日子。那时人们在意他对事情的看法，认为他对自己的生活很重要。

然而现在一切都变了。这位可怜的"神"一直都没有调整好自己。人们的生活在继续前行，把他晾在了一边。现在大部分时间"神"都在后院花园里闲逛。有时我去那里看看他，我们一起漫步，徜徉在玫瑰花丛中，低声细语。

无论如何，好像很多人仍然喜欢他，至少他成功地维持着很高的支持率。你会惊讶，很多人甚至偶尔来访询问事情。他当然不介意，他随时都可以帮忙。

谢天谢地，在他的古书中你有时读到的乖戾性情，譬如让地裂开口吞没人、从天降火烧毁城市这样的事，似乎在他年老时很少了。现在他只是一位脾气温和、容易打发的朋友，他变得很好说话，尤其是几乎不严厉回话，即使回话，也是借着某些怪现象告诉我。无论我想做什么，他都没意见。这真是那种最棒的朋友，是吧？

不过你知道他最棒在哪里吗？他不审判我，从不审判，对任何事都不审判。当然，我知道他内心希望我可以更好，例如更有爱，少些自私，诸如此类，不过他很现实。他知道我是人，而人无完人，我也完全肯定他不介意这点。再说了，赦免人是他的工作，他就是干这个的。毕竟他是爱，对吧？我认为爱是"从不审判，只有赦免"。这就是我所认识的"神"。我不想让他是别的样子。

稍等片刻……好了，我们现在可以进去啦。别担心，我们不用待太久。只要有人来，他就很感激了。

关于神的设想

好吧，这个小片段有点荒谬。不过我认为，这个对神的观点和很多人，甚至一些自称是基督徒的人对神的看法有相似之处。大多时候，神和蔼可亲、睡眼惺忪，是一个需要人却非常爱人的祖父，他只有期望，没有要求。你要是没时间，不管他都可以，他也非常明白人类会犯错这个事实。事实上，他比我们任何人都了解人。

过去在西方，即使那些声称自己不是基督徒的人也基本了解圣经关于神及其性情的教导。人们对神的认识熟悉得就像呼吸空气一样。因此在向人传福音时，就像使徒们知道犹太人对神的认识一样，你可以猜测到人们对神的看法。

现在的情况在全世界大部分地方已经不一样了。我在德克萨斯州东部的一个小镇长大。大多数时候，给人讲福音不过是再重复一次他们已经听了千万遍的消息。但是，在我去康涅狄格州的纽黑文读大学时，世界完全不同了。忽然我身边都是没有听说过神的人，这就要求我从创世开始讲神。我记得第一次有人在我提到神时说："你在开玩笑吧，你真信那一套？"然后他大笑起来。

接下来几年，这个场景上演了很多次，最后我学会了只说一句："嗯，是的。"但是我也很快明白，不能假设人们对神已经有认识。如果现在我要讲耶稣基督的福音，我就必须从头开始讲，从神自己开始讲。

当然你可以，并且真的应该用一生来寻求神向我们启示的他自己，但你不必为了忠实地呈现福音而道尽你对神的所有认识。不过，为了搞懂基督教的好消息所言何事，有一些关于神的基本真理是人必须了解的。就把这当作好消息吧，因为接下来会有坏消息，再之后便是那大好的消息！

从一开始，我们必须说清楚两个主要方面：神是创造主；他是圣洁公义的。

神是创造主

基督教信息的开头，应该说基督教圣经的开头，是"神创造天地"。一切起源于此。你若理解错了这点，那就如箭脱离已经严重瞄偏的弓，接下来的一切也都是错误的。

《创世记》这卷书开篇讲述神创造世界：神创造山川河谷、鸟兽虫鱼，神造了每一样。神也创造了宇宙中其他的东西：月亮星宿、天体星系。这一切都是因他发出的话而有的，一切都是从无到有。神的创造不是拿起某样已经存在的材料，像揉泥土一样把它模塑成我们眼见的东西。不是这样的。《创世记》告诉我们，神说有，就有了。神说："要有光"，接着就有了光。

很多圣经篇章告诉我们，创造如何见证了神的荣耀和大能。"诸天述说神的荣耀，"《诗篇》第19章1节说，"穹苍传扬他的手段。"保罗在《罗马书》第1章20节中说："自从造天地以来，神的永能和神性是明明可知的，虽是眼不能见，但藉着所造之物就可以晓得。"你若曾驻足于峡谷的边缘，看脚下群鸟俯冲，观头上云卷云舒；你若曾驻足田野，望着天际翻滚而来的风暴，若感到一丝恐慌掠过你身，你便知道这是什么意思。创造的雄伟恢弘向人心宣告："人不是唯一的被造。"

《创世记》中的创造每天都在变得更广阔和更重要，在范围上和重要性上都在拓展。首先创造的是光，然后是海，再是地，接着是月亮和太阳，然后是鸟、鱼和动物，最后是神创造之工的顶峰——男人和女人。

> 神说："我们要照着我们的形像，按着我们的样
> 式造人，使他们管理海里的鱼、空中的鸟、地上的
> 牲畜和全地，并地上所爬的一切昆虫。"神就照着自
> 己的形像造人，乃是照着他的形像造男造女。（创
> 1:26-27）

对于神的创造，无论你还有什么想法，这一宣告都含义非
凡。它宣告神创造了世界，特别是神创造了你。世界本身不是
终极的，而是来源于一位他者的思想、话语和手笔。尤其在今天，
这是一个革命性的观念。与大量占据人类思想的虚无主义相反，
这一观念意味着宇宙万物皆有其目的，包括人类。我们并不是
随机选择和基因突变、基因重组、染色体变异的结果。我们是
被创造的。我们所有人都是神自己的想法、计划和行动的结果。
而这赋予人类生命的意义和责任（创 1:26-28）。

我们没有人是自治的，明白这一事实是明白福音的关键。
尽管我们常常谈论权利和自由，我们却并不真如我们所想的那
样自由。我们是被创造的。我们是被造的。因此我们属于这位
造物主。

因为神造了我们，他有权告诉我们该如何生活。在伊甸园
里，神告诉亚当和夏娃哪些树的果子他们可以吃，哪些不可以
吃（创 2:16-17）。这并不是神像小孩一样玩权利游戏，对他的
小弟颐指气使、随意施令，只是为了瞧瞧会发生什么。不是的，
圣经告诉我们神是良善的。他知道什么对他的子民是最好的，

他也赐给他们律法来保守和坚固他们的幸福和安康。

若要明白基督教的好消息,对这一点的认识是绝对必要的。福音是神对罪这个坏消息的回应,而罪是人拒绝神作为创造主对他的主权。所以,神创造了我们,因此拥有我们,这是人类存在的根本性真理,是其他一切的源头。

神是圣洁公义的

若要你仅用几个词描述神的性情,你会怎么说? 他是慈爱、良善的? 他是怜悯人、原谅人的? 都对。摩西求神向自己显现神的荣耀、宣告神的名时,神是这么说的:

> 耶和华,耶和华,是有怜悯、有恩典的神,不轻易发怒,并有丰盛的慈爱和诚实。为千万人存留慈爱,赦免罪孽、过犯和罪恶。(出 34:6-7)

何等奇异! 神告诉我们他的名字,向我们彰显他的荣耀,是向我们显示他的内心,他说什么? 他说他是有慈爱、有怜悯的神,不轻易发怒并有丰盛的慈爱。

但这段话里还有别的内容不常常被提及,也是让人不太舒服的。在神说了他是有怜悯、有慈爱的神之后,你知道他马上又对摩西说了什么吗?

> 万不以有罪的为无罪。(出 34:7)

再看一下，因为这句话推翻了现今人们对神的绝大部分认识。慈爱和怜悯的神不以有罪的为无罪。

对神的一个普遍看法就是，他很像一个没有道德标准的清洁工。不是真正地解决世界的肮脏、罪恶和邪恶，而是把一切污秽扫到毯子下面，假装看不见，也期望不被人发现。事实上，很多人难以理解神会做出其他的举动。"神审判罪？"他们说，"因我的罪惩罚我？他当然不会这么做。这么做可不慈爱。"

稍后我们会在《出埃及记》第34章6至7节中，看到一个难以理解的矛盾如何借着耶稣在十字架上的死得到解决。就是一位"赦免罪孽、过犯和罪恶"的神，如何却"万不以有罪的为无罪"。但是在讲到那里之前，我们必须明白，神的爱并不抵消他的公正和公义，尽管人们认为恰恰相反。

圣经一次又一次地宣告，我们的神是全然公正、完全公义的神。《诗篇》第11章7节说：

> 因为耶和华是公义的，他喜爱公义。

《诗篇》第33章5节宣称："他喜爱仁义公平。"还有两篇诗篇甚至宣告："公义和公平是你宝座的根基。"（诗89:14,97:2）你明白这些经文在说什么吗？神掌管宇宙，他对被造物拥有王权，这是建立在他永不改变、永远长存、完全的公义和公平之上的。

所以认为神是一位没有道德标准的清洁工无法让人满意。这一想法把神说成了不公平、不公义的神。这个想法使神成为一个只是掩盖罪，甚至在罪面前躲藏自己的"神"，而不是面对罪、消灭罪的神。这个想法让神成了凡人、懦夫。

可谁想要这样一位神呢？有些人坚持神永远不会审判他们，而当这些人面对确凿无疑的邪恶时，他们的反应很有趣。面对真正让人惊恐的邪恶时，这些人才会想要一位公正的神，而且是马上就要。他们想要神无视他们自己的罪，却要神审判恐怖分子的罪。"原谅我，"他们说，"不过你绝不应该原谅他！"你瞧，人都想要一个对付邪恶的神，但是他们只是想要一个对付别人的邪恶的神。

然而圣经告诉我们，因为神是全然公正、公义的，所以神会毅然决然地对付一切的邪恶。《哈巴谷书》第1章13节说：

> 你眼目清洁
> 不看邪僻，不看奸恶……

神若容忍罪恶，那他就是离弃他宝座的根基，也是否认他自己的本性，而神是不会这么做的。

认为神是慈爱的、怜悯人的，对大多数人而言完全没问题。我们基督徒在劝世人相信神爱他们这件事上干得不错。但是，如果我们要明白耶稣基督的福音是何等的荣耀，能赐人何等的生命，那我们得明白这位慈爱、怜悯的神也是圣洁、公义的神，而且神心意已定，对罪决不无视、决不忽略、决不姑息。

这包括我们自己的罪。这把我们带到了坏消息的面前。

复习与讨论

本章回顾：神是一切的创造者。但圣经告诉我们的远不止于此：他是一位公义圣洁的创造者，他不轻忽罪。虽然对犯罪的人来说这听上去是个坏消息——某个层面上来说，的确如此——但神定意要解决罪的问题也是一个好消息，因为这证明了他的可信，展现了他的圣洁。

钥节：《创世记》1 章；《出埃及记》34 章 6 至 7 节；《诗篇》19 章；《哈巴谷书》1 章 3 节

1. 当你想到神的时候，你会想起哪些形容词？（32 页）

2. 神是万物的创造主这一宣告蕴含哪些含义？（34 至 35 页）

3. 作者写道，"神创造了我们，因此拥有我们，这是人类存在的根本性真理，是其他一切的源头。"（36 页）作者有夸大其实吗？如果没有，为什么这样的真理里充满了好消息？

4.《出埃及记》34 章 6 至 7 节清楚地教导我们，神不会放任罪咎而不惩罚。这与你所认识的那位被描述成充满爱和怜悯的上帝的形象符合吗？（37 页）

5. 神是圣洁且公义的。他同时也是满有慈爱和怜悯的。这些神的特质并没有相互矛盾。但这是怎么一回事？他是如何回应罪的？他与罪人的关系是怎样的？

6. 为什么把神描述成"一位没有道德标准的清洁工"而无法令人满意？（37 页）

7. 如果神万不以有罪的为无罪（出 34:6–7），这意味着他不会忽视我们犯的罪。作者将此描述成"坏消息"（38 页），这一点我们下一章里会谈到。但在此之前，你是怎么看待这一真理的？请反思，这让你感受如何？

第三章　　有罪的人

前两天我刚付了一张违章停车的罚单。这很简单。我看了罚款原因，翻过罚单，在写有"接受处罚"的方框里打了勾，向交通管理局支付了三十五美元的支票，粘上信封，然后把它丢进了邮箱。

换句话说，我是一个处于刑罚之下的罪犯。

然而由于某种原因，尽管勾了"接受处罚"那个方框，我却没有很重的罪恶感。我不会因与法律背道而驰而夜不能寐。我也不觉得需要请求任何人的原谅。现在想起此事，我甚至觉得有点辛酸，因为这次罚单比上次的多了十美元。

为什么我违法了却不觉得糟糕呢？直截了当地说，我想这是因为违反停车规则对我来说没有那么重要，或是没有那么十恶不赦。下次我会确保往停车收费器里多投几毛钱的，但是我并不会因这事而良心不安。

几年来我注意到一件事，就是大部分人倾向于认为罪，特别是他们自己的罪，不过是和违章停车一样。"当然了，"我们想，"严格来说，罪是违背了高高在上的神所赐下的律法，所有的罪都是,但是他肯定知道世上还有比我更恶的罪人。再说,我又没有伤害别人，也愿意付罚款。不需要在这点小事上深刻反省吧，至于吗？"

如果你是以这样冷淡的方式来看待罪的话，我的看法和你相反。根据圣经，与只是违反某条冷酷无情、霸道专制的天上的交通规则相比，罪严重得多。罪是一种关系的破裂。更甚的是，罪是对神的拒绝，拒绝神的统治、神的看顾、神的权柄，以及拒绝神对他赐予生命之人的权利。简而言之，罪是受造物对其创造主的反叛。

出了什么差错

神造了人类，他的心意是要人活在他公义的治理之下，满有喜乐，敬拜他，顺服他，从而活在与神的相交中。正如我们在上一章中看到的，神照着自己的形象造了男人和女人，是要他们像神，和神有关系，向全地宣扬神的荣耀。此外，神赐给人工作。人要做神的代理者，在神之下管理神的世界。"要生养众多，"神对他们说，"遍满地面，治理这地；也要管理海里的鱼、空中的鸟，和地上各样行动的活物。"（创1:28）

然而，男人和女人对受造物的管理并不是终极的。他们的权柄不是自己的，是神赋予他们的。因此，即使亚当和夏娃对全地施行掌管，他们也应当记住，他们是服从于神，在神的管理之下的。神创造了他们，因此神有权命令他们。

神在伊甸园中央放置的分别善恶树是对神权柄的鲜明提醒

（创 3:17）。亚当和夏娃看着这棵树，看到树上的果子时，会想起他们的权柄是有限的，想起他们是被造的，想起就连他们的生命也依赖于神。他们只是管家，而神是王。

因此，亚当和夏娃吃果子不只是违反了某个霸道的命令："不可吃那果子"。他们的所作所为更让人痛心、更加严重。他们是在拒绝神对他们的权柄，是在宣告独立于神。正如蛇答应他们的，亚当和夏娃想要"和神一样"，因此他们抓住了他们认为的机会，不再做代理人，而是自己戴上王冠。整个宇宙，只有一样神没有放在亚当的脚下，就是神自己。然而亚当不满意这个安排，所以反叛了。

最糟糕的是，亚当和夏娃违背神的命令，是有意决定拒绝神作他们的王。他们知道违背神会有什么后果。神已经明确地告诉他们，如果他们吃那果子，他们"必定死"。这首先意味着他们会从神的面前被驱逐，成为神的敌人，而不再是神的朋友和他喜乐的子民（创 2:17）。但是他们不在乎。亚当和夏娃为了追求自己的享乐和自己的荣耀，不惜弃绝神的喜悦。

圣经把违反神的命令称为"罪"，无论是言语、思想和行为上的。"罪"的字面意思是"未中目标"，不过圣经中"罪"的意思更深刻。不是亚当和夏娃非常努力地遵守神的命令，却以毫厘之差偏离了靶心。不，事实是他们朝着反方向射击。他们的目标和欲望与神对他们的心意完全相反，因此他们犯罪了。他们故意违背神的命令，破坏与神的关系，拒绝神作他们合法的主。

亚当和夏娃犯罪给他们自己、他们的后裔及其他受造物带来了灾难性的后果。他们自己被逐出美丽的伊甸园，地也不再甘心乐意、欢欢喜喜地给他们奉上奇珍异果。他们要辛勤劳累地工作才得以糊口。更惨的是，神在他们身上执行了应许的死刑。当然他们的肉体没有立即死去。他们的身体还继续活着，肺在呼吸，心脏在跳，四肢在动，但是他们最重要的属灵生命立即终止了。他们与神的相交中断了，因此他们的心颤栗，头脑里装满了自私的想法。他们的眼睛昏暗，看不到神的荣美。他们的灵魂枯干，起初神赐予他们的属灵生命不复存在。原本一切的美好不复存在。

不只他们，还有我们

圣经告诉我们，不只是亚当和夏娃犯了罪，我们都犯了罪。保罗在《罗马书》第 3 章 23 节说："世人都犯了罪，亏缺了神的荣耀。"在之前的段落中，保罗说："没有义人，一个也没有。"（罗 3:10）

耶稣基督的福音里充满了绊脚的石头，这是其中最大的一块。对那些固执地认为自己是不错的、自足的人来说，人类根本上是有罪的、悖逆的，这一说法不仅难以置信，简直让人厌恶。

这就是明白罪的本质及其深刻为何至关重要。在涉及福音时，如果我们认为罪另有所指，或者不认识罪的实质，我们就会严重的误解耶稣基督的好消息。让我给你几个基督徒经常误解罪的例子。

误解1：把罪与罪的后果混淆

最近流行的传福音方式，是说耶稣来拯救人脱离与生俱来的罪恶感，或是脱离浑浑噩噩和空虚迷茫。这些当然是切实的问题，很多人对这些深有感触。但是圣经教导说，人类的根本问题，我们需要被救赎的不是生活的浑浑噩噩和支离破碎，甚至不是让人衰弱的罪恶感。这些只不过是症状，背后更深刻、更严峻的问题是我们的罪。我们必须明白：我们处在自己一手造成的困境中。我们违背了神的话、我们无视他的命令、我们犯罪得罪了他。

若说我们是从浑浑噩噩、空虚迷茫的景况中被拯救，而不追究这些景况的罪的根源，人可能容易把药吞下去，却不是对症之药。这样只会让人继续认为自己是受害者，而不真正解决问题：他自己是个罪犯，不公不义，该受刑罚。

误解2：认为罪不过是关系的破裂

关系是圣经中一个重要的范畴。人类被造是要活在与神的相交中。然而，我们必须记住的是，人要活在这个关系中，而这个关系是不寻常的，双方不是对等的，不是没有律法、审判和惩罚的，而是国王和子民的关系。

很多基督徒说起罪，就像罪只是神和人关系中的一次口角，我们需要做的就是道歉并接受神的原谅。然而把罪描绘成爱人间的争吵扭曲了我们与神的关系。实际上，我们要以此关系立足于神面前。这种描绘传达的是，律法没有遭到破坏，公正没有被违背，没有公义的忿怒，没有神圣的审判。因此，最终也不需要承担审判的替代者。

圣经的教导是，罪破坏了人与神的关系。不过，关系的破裂在于人拒绝神作尊贵的国王。这不只是不忠，也是悖逆。不只是背叛，也是叛变。我们若把罪仅仅看成关系的破裂，而不认为罪是蒙爱的子民对其良善、公义的国王的背弃和叛变，我们就不会明白为什么我们需要神的儿子为我们死来解决罪。

误解3：把罪与消极思想混淆

另一种对罪的误解是说罪只是思想消极的问题。在本书导论部分，我们在一些引述中看到了这种误解。扔掉你的旧皮袋！要敢于梦想！只要你丢掉那些让你停滞不前的消极思维模式，神就要向你彰显他难以置信的爱！

对于那些倚赖自己，以为靠自己完全可以解决自身的罪的人来说，这是激动人心的信息。这也大概是为何传扬这种信息的人成功地建立了世界上几个最大的教会。这种方法真的太简单了。只要告诉人们，他们的罪只不过是思想消极，这让他们得不到健康、财富和幸福。然后告诉人们，只要他们更积极地看待自己（当然，在神的帮助下），他们就会摆脱罪，而且变得富有。瞧！瞬间一家巨型教会。

有时承诺给人们金钱，有时是健康，有时又完全是另一样东西。但是不管如何鼓吹，说耶稣基督的死是为了要救我们脱离自我消极的思想，是不合圣经的，是应当被谴责的。事实上圣经的教导是，我们的问题很大一部分在于我们的自高自大，而非妄自菲薄。稍作停留，思考一下。蛇是如何引诱亚当和夏娃的？蛇告诉他们，他们对自我的看法太消极了。蛇告诉他们，对自己的看法要更积极一些，要走上更大的舞台，要发挥他们全部的潜能，要像神一样！总而言之，蛇告诉他们要敢于梦想。

然而他们的结局怎么样呢？

误解 4：把罪与各种罪行混淆

明白自己犯下各种罪行和知道自己犯了罪，两者之间有着天壤之别。大部分人很容易承认他们犯了很多罪行，只要他们认为这些罪行是指不相干的小错误，否则生活就太美好了，比如时不时收到的违章停车罚单，不然驾驶记录就太干净了。

罪行不会让我们太惊讶。我们知道罪行无处不在，每天我们在自己和他人身上都能看到，我们也很习以为常。让我们惊愕不已的，是神让我们看到一直通向我们内心深处的罪。这罪是我们从不知道、存在于我们里面的、深深沉积的肮脏和污秽，而我们靠自己永远不能清除这罪。这就是圣经对我们罪的深刻描述。我们不只是犯下罪行，罪更是在我们里面，我们本身就是有罪的。

在位于华盛顿的国家自然历史博物馆的二楼，有个据说是全世界体积最大、毫无瑕疵的石英球。这个石英球比篮球稍大一点，而在整个球体上，没有一点肉眼可见的划痕、斑点和变色。整个石英球是完美的。人们常常认为人类的本质就像那个石英球。我们有时把它弄脏了，沾染了灰尘泥土，但是在污垢下面，我们的本性仍纯朴依旧，我们要做的就是把它擦干净，让它重现光彩。

但是，圣经描绘的人类本性却不是这么好。根据圣经，人类的本性毫不纯朴，而污泥也不只是玷污了表面。相反，我们都被罪穿透了。瑕疵、污泥、赃物和污秽直达我们里面。正如保罗所说，我们"本为可怒之子"（弗 2:3）。亚当的罪与污秽也在我们身上（罗 5）。耶稣也如此教导："因为从心里发出来的，有恶念、凶杀、奸淫、苟合、偷盗、妄证、谤讟。"（太 15:19）你所说的有罪的话语，所做的有罪的举动并不是毫不相干的小事。这些都出于你心里的邪恶。

我们人类的每个方面都被罪污染了，伏在罪的权势之下。我们的认知、我们的个性、我们的感觉和情感，甚至我们的意志都受罪的奴役。所以保罗在《罗马书》第 8 章 7 节说："原来体贴肉体的，就是与神为仇，因为不服神的律法，也是不能服。"这句话真是让人心惊胆战！罪对我们的辖制遍及我们的思想、认知和意志，以致于我们看到神的荣耀和良善，就必然厌恶并且远离。

说耶稣来为要拯救我们脱离罪行，如果我们的意思是说他来拯救我们脱离所犯的毫不相干的错误，那么这样的说法是不完全的。只有我们认识到我们的本性实在是有罪的，我们的确"死在过犯罪恶中"（弗2:1、5），就像保罗所说的，我们才知道得救之道是多么好的消息。

神对罪主动的审判

《罗马书》第3章19节是整本圣经里最让人胆战心惊的语句之一。这句话之前是保罗对全人类的控诉，首先是外邦人，然后是犹太人：人都在罪恶之下，在神面前毫无公义。作为这一问题的重大结论，保罗是这么说的："好塞住各人的口，叫普世的人都伏在神审判之下。"

你能想象这将意味着什么吗？站在神面前而没有任何解释、任何请求、任何借口、任何理由？而"伏在神审判之下"是什么意思？正如我们在上一章看到的，圣经清楚地说，神是公义、圣洁的，因此不会姑息罪。但是神要对付罪、审判罪和惩罚罪，是什么意思？

《罗马书》第6章23节说"罪的工价乃是死"。换言之，我们为罪付上的代价是死。不只是肉体的死。这是灵性的死，我们有罪的、邪恶的自我被迫与公义、圣洁的神隔绝。在《以赛亚书》59 章 2 节，先知以赛亚如此描述：

> 但你们的罪孽使你们与神隔绝，
>
> 你们的罪恶使他掩面不听你们。

有时人们谈起这点时，好像这是神被动的、默然的缺席。远不是这样。这是神对罪主动的审判，圣经说审判将是让人极为惊恐的。且看《启示录》这卷书如何描述末日神公正、良善的审判景象。七位天使将"把神的大怒倒在地上"，而且"地上的万族都要因他哀哭"（启 16:1，1:7）。他们要向山和岩石喊叫说："倒在我们身上吧！把我们藏起来，躲避坐宝座者的面目和羔羊的忿怒，因为他们忿怒的大日到了，谁能站得住呢？"（启 6:16-17）他们要看见耶稣，万王之王，万主之主，而他们要惧怕，因为他"要踹全能神烈怒的酒榨"（启 19:15）。

圣经教导说，那些不悔改、不相信的罪人，他们最终的结局是在那被称为"地狱"的地方，那里的痛苦是永远的、可感知的。《启示录》描述地狱是"硫磺火湖"，耶稣说那里有"不灭的火"（启 20:10；可 9:44）。

圣经对地狱的这些描述，也警告我们要远离地狱，所以我不明白为什么一些基督徒一定要把地狱讲得不那么可怕。《启示录》说到耶稣要踹全能神烈怒的酒榨，耶稣自己也警告说"不灭的火……在那里，虫是不死的，火是不灭的"（可 9:44、48），我的疑惑是，为何有的基督徒喜欢让地狱听起来没那么可怕？让人们认为地狱可能没那么可怕，这怎么能安慰罪人呢？

我们没有胡编乱造

圣经谈论神审判罪的场景真是让人心惊胆战。怪不得世人读了圣经对地狱的描述后，说基督徒相信这些是"有病"。

但这样说有失偏颇。不是我们自己编造了这些。我们基督徒了解、相信和谈论地狱不是因为我们喜欢地狱。不是这样的。我们谈论地狱的根本原因是我们相信圣经。圣经说地狱是真实的，我们相信圣经；圣经说我们所爱的人面临永远落入地狱的危险，我们相信圣经并为此伤心落泪。

这是圣经对我们振聋发聩的判决。我们没有一个人是义的，一个也没有。因此，有一天所有人的口都要被塞住，所有人的舌头都要被止住，全世界都要伏在神的审判之下。

但是……

复习与讨论

本章回顾：犯罪的意思不仅仅是"未中靶心"。犯罪意味着悖逆神——这位创造我们的君王、破坏了与神的关系。因为神是良善且公义的，他会让我们对自己的罪负责。这是一个很坏的消息。

钥节：《创世记》3 章；《以赛亚书》59 章 2 节；《罗马书》3 章 10 节、19 节、23 节，5 章 12 至 21 节；《以弗所书》2 章 1 至 5 节；《启示录》6 章 16 至 17 节

1. 罪是什么？（42 页）

2. 亚当和夏娃犯罪带来哪些后果？（43 至 44 页）

3. "人类根本上来说是有罪的、悖逆的"这一说法与你对别人的认识相符合吗（44 页）？为什么是或不是？你自己心里是怎么想的？

4. 为什么弱化罪的教义会减弱我们对耶稣基督十架之功的感恩？（44页）

5. 根据世界的看法，人类的根本问题是什么？根据圣经，人类的根本问题又是什么？（45页）

6. 有罪咎感和"有罪"有什么区别？（47至49页）

7. 你会如何试图让地狱听起来没有那么可怕？（49至50页）

第四章　　救主耶稣基督

我认为"但是"是人能够说出的最有力量的词。这个词虽然简单，却有能力将前面所说的一切一扫而光。跟在我们刚刚提到的坏消息后面，这个词能让我们眼前一亮，重燃希望。这个词比人口能说的任何一个词都有改变一切的能力。例如：

> 飞机坠落了，但是没有人受伤。
> 你患了癌症，但是很容易治好。
> 你儿子遇到了车祸，但是他毫发无伤。

悲哀的是，有时候没有"但是"。有时话讲完了，只有坏消息。然而这样的时刻让事情在有转机的时候更加令人振奋，并且美好无比。

感谢神，人的犯罪和神的审判这个坏消息不是故事的结局。如果圣经的结尾如保罗的宣告，全世界都要缄默不言，站在神的审判座前，那我们将毫无希望、只有绝望。但是感谢神，还没完！

你是一个罪人，注定要被定罪。但是神已经采取行动拯救你这样的罪人。

盼望之语

马可这样开始对耶稣生平的叙述："神的儿子，耶稣基督福音的起头。"马可和早期基督徒从一开始就知道，对这个被罪破坏、死在罪脚下的世界来说，耶稣基督的到来是神的好消息。紧跟在罪的黑暗破坏之后，耶稣的到来是他穿透一切、震耳欲聋的宣告：现在一切都已经改变了！

甚至在伊甸园，神就已经给了亚当和夏娃盼望的话语，给了他们在绝望中的好消息。笔墨不多，只是一个暗示，是在神对蛇宣判末尾添加的一句话。

女人的后裔要伤你的头，你要伤他的脚跟。（创3:15）

但此话意义非凡。神想让亚当和夏娃知道，他们虽然是叛徒，但是事情还没有结束。在这个大灾难中有福音，有好消息。

圣经接下来讲述这粒微小的好消息种子如何发芽生长。数千年来，神通过律法和先知，让全世界等待，等待他借着耶稣基督的降生、受死和复活，对蛇令人震惊的致命一击。当一切结束时，亚当连累整个人类族群的罪将被击败，神对其创造物宣布的死亡将废去，地狱也会屈膝投降。圣经是神反击罪的故事。圣经恢宏地叙述了神曾经以及现在如何解决罪，并且将来有一天如何彻底、永远地解决罪。

完全的神，完全的人

所有的福音书作者在开始叙述耶稣的生平时，都讲到耶稣不是普通人。马太和路加讲述了天使临到一个名叫马利亚的年轻童贞女，并告诉玛利亚她将怀孕生子。马利亚对这个消息深表疑惑，问道："我没有出嫁，怎么有这事呢？"天使回答说："圣灵要临到你身上，至高者的能力要荫庇你，因此所要生的圣者，必称为神的儿子。"（路 1:34–35）约翰以一个更加让人震惊的宣告开始："太初（这个词直接将人引回《创世记》1 章 1 节）有道，道与神同在，道就是神。……道成了肉身，住在我们中间。"（约 1:1、14）

所有这一切：耶稣由童贞女所生、"神的儿子"这一头衔、约翰宣告"道就是神"以及"道成了肉身"，都意在教导我们耶稣是谁。

简单地说，圣经告诉我们耶稣既是完全的人，又是完全的神。这是了解耶稣至关重要的一点，因为只有这位是完全的人、完全的神的圣子才能拯救我们。如果耶稣只是一个人，方方面面和我们一样，甚至和我们一样堕落犯罪，那他就不能拯救我们，就像一个死人不能拯救另一个死人。但是因为他是神的儿子，是无罪的，神圣完全，与父神同等，所以他能够战胜死亡，拯救我们脱离罪恶。同样重要的是，耶稣真是我们中的一员，亦即他是完全的人，所以他可以在他的父面前代表我们。正如《希伯来书》第 4 章 15 节所解释的，耶稣能"体恤我们的软弱"，因为他"曾凡事受过试探，与我们一样，只是他没有犯罪"。

弥赛亚君王来了！

耶稣开始传道时，他传讲的信息是奇妙的："日期满了，神的国近了。你们要悔改，信福音！"

这个人告诉人们，神的国已经来了，消息迅速传遍全地，兴奋的人们很快聚集在耶稣周围，要听他传讲这个"好消息"。这个消息为什么让人如此兴奋呢？

几个世纪以来，通过律法和先知，神曾预言将有一个时刻，他将一劳永逸地终结世上的邪恶，拯救他的子民脱离罪恶。他将除去一切抵挡，在全地建立他的统治、他的"国度"。神甚至曾经应许要在一位弥赛亚君王身上建立他的国度，这人是伟大的君王大卫的后裔。在《撒母耳记下》7章11节，神应许大卫说，他的一个后裔将在宝座上掌权到永远。先知以赛亚在《以赛亚书》9章6至7节这样论到这个君王之子：

他名称为奇妙、策士、全能的神、永在的父、和平的君。
他的政权与平安必加增无穷。
他必在大卫的宝座上治理他的国，
以公平公义使国坚定稳固，
从今直到永远。

因此你可以想象，当耶稣开始宣告天国已经来到时，人们对此何等兴奋。这意味着人们长久等候的大卫的后裔、弥赛亚终于来了！

福音书的作者们认为这位出自大卫后裔的君王不是别人，正是耶稣。路加记录了天使对马利亚宣告耶稣降生的话：

> 他要为大，称为至高者的儿子，主神要把他祖大卫的位给他。他要作雅各家的王，直到永远，他的国也没有穷尽。（路 1:32–33）

马太的福音书以家谱开始，直接将耶稣的家谱追溯到大卫，接着一直到亚伯拉罕。有趣的是，马太将家谱排列分成三个十四代。而十四，正如任何有常识的犹太人应该知道的，是"大卫"这个名字的三个希伯来字母 D–V–D 代表的数值加起来的总和。正如其他的基督徒一样，马太在耶稣故事的开始，实际上在高呼："君王！君王！君王！"

出乎意料的好消息，如果你能接受的话

新约接着讲述君王耶稣如何在地上开启神的统治，并开始击退罪的咒诅。然而，耶稣所开启的国度一点也不是犹太人所期盼、想要的样子。他们想要一位弥赛亚来推翻并取代当时的统治大国罗马帝国，想要一个建立地上的、政治王国的弥赛亚。然而这位耶稣毫不关心地上的王位，反而传道、教导、医治病

人、赦免罪、使死人复活，并且确定地告诉罗马官员"我的国不属这世界"（约 18:36）。

这不是说他的国永远与这个世界无关。不久之前，耶稣已经告诉大祭司"你们必看见人子坐在那权能者的右边，驾着天上的云降临"（可 14:62）。在《启示录》第 21 章我们读到，耶稣统治新天新地，就是被他的大能完全改变，从罪的束缚下被释放的新天新地。

只要你能接受，到目前为止这一切无可置疑都是好消息。然后回到我们的罪的问题。除非发生什么事，除去我们不顺服神、悖逆神的罪，否则我们仍与神隔绝，新天新地中的喜乐与我们无关，地狱永久的惩罚为我们存留。

然而基督教的福音之所以是真正的好消息就在于此。你看，君王耶稣来不仅开启神的国，也将罪人带进神的国。耶稣替罪人为他们的罪死，自己担当他们的刑罚，确保他们罪得赦免，使他们在神眼里被称为义，使他们有资格同得神国的基业（西 1:12）。

受苦的君王？

"看哪，神的羔羊，除去世人罪孽的。"施洗约翰是身穿骆驼毛、吃蝗虫的先知，他看到耶稣朝他而来时，如此说道（约 1:29）。此话怎讲？神的羔羊？除去世人的罪孽？

每个一世纪的犹太人听约翰说"除罪的神羔羊"就立刻知

道是什么意思。这是指犹太人的逾越节，纪念大约一千五百年前，神以神迹拯救以色列人离开埃及为奴之地。

作为对埃及人的惩罚，神降下十灾，然而每次法老都硬着心，拒绝让以色列人离开。最后一个灾难是最为恐怖的。神告诉以色列人，在一个指定的夜里，灭命的天使将掠过埃及地，杀死全国每个头生的儿子和牲畜。以色列人也逃不掉这一可怕的惩罚，除非他们小心遵守神的指示。神告诉他们，每户家庭都要取一只毫无瑕疵、没有残疾的羊羔，并将其杀死。然后用一把牛膝草将羔羊的血涂抹在房屋的门框上。神应许他们说，当灭命的天使看到这血时，会"越过"他们的房屋，不降下死亡的惩罚。

逾越节的宴席，特别是逾越节的羔羊，成为一个有力的记号，指出一个人因罪要承受的死亡刑罚可以由另一个人的死来代替。这个"代赎"的概念事实上是整个旧约献祭制度的根基。每年的赎罪日，大祭司进到圣殿最里面，就是至圣所，杀死一只无残疾的动物，作以色列人的罪要付的代价。年年都是这样，而一年又一年，羔羊的血不断延缓了神对以色列民的惩罚。

花了很多时间，但耶稣的跟随者最终认识到，耶稣的使命不只是开启神的国度，也认识到开启的方式是耶稣作为替代的祭物为他的子民受死。他们意识到，耶稣不只是君王，他也是受苦的君王。

耶稣自己从一开始就知道，他的使命是为他子民的罪而死。天使在他出生时就宣告"他要将自己的百姓从罪恶里救出来"

（太 1:21），路加也告诉我们"耶稣被接上升的日子将到，他就定意向耶路撒冷去"（路 9:51）。在福音书中，耶稣好几次预言他的受死，而当彼得愚昧地阻止耶稣时，耶稣责备他说："撒但，退我后边去吧！你是绊我脚的。"（太 16:23）耶稣定意要去耶路撒冷，也就是迈向他的死亡。

耶稣也明白他受死的意义和目的。在《马可福音》第 10章 45 节，他说："因为人子来，并不是要受人的服侍，乃是要服侍人，并且要舍命，作多人的赎价。"在《马太福音》第 26章，与门徒吃最后的晚餐时，耶稣拿起一杯酒并宣布："你们都喝这个，因为这是我立约的血，为多人流出来，使罪得赦。"（太 26:27–28）他在另一处说："我为羊舍命"，"没有人夺我的命去，是我自己舍的"（约 10:15、18）。耶稣知道他为何要死。出于对他子民的爱，他甘愿牺牲。神的羔羊被宰杀，好叫他的子民可以被赦免。

因圣灵的教导，早期基督徒也明白耶稣在十字架上所成就的。保罗如此描述："基督既为我们受了咒诅，就赎出我们脱离律法的咒诅。"（加 3:13–14）保罗在另一处解释说："神使那无罪的，替我们成为罪，好叫我们在他里面成为神的义。"（林后 5:21）彼得写道："因基督也曾一次为罪受苦，就是义的代替不义的，为要引我们到神面前。"（彼前 3:18）并且，"他被挂在木头上，亲身担当了我们的罪，使我们既然在罪上死，就得以在义上活。因他受的鞭伤，你们便得了医治。"（彼前 2:24）

这些基督徒在谈论耶稣死亡的意义，你明白吗？他们在说，耶稣死亡所承受的刑罚不是因为他自己的罪。耶稣是完全无罪的，他承受的是他子民的罪的刑罚。当耶稣被挂在加略山的十字架上，他承受了一切可怕的重担，这重担出于神子民的罪。他们一切的悖逆、一切的不顺服、一切的罪都担在了他的肩上。神在伊甸园所宣告的咒诅，死亡的判决生效了。

这就是为何耶稣痛苦地喊道："我的神，我的神！为什么离弃我？"（太 27:46）父神圣洁公义，眼目清洁，不看邪僻。神看着他的儿子，看到他儿子百姓的罪落在其肩上，厌恶地转身，并将他的忿怒倾倒在自己儿子身上。马太写道，耶稣挂在十字架上时，黑暗笼罩全地约三个小时之久。这是审判的黑暗，父神极重的忿怒落在了耶稣身上，因为他担当了自己子民的罪，替他们受死。

以赛亚先知在此事发生前七个世纪就预言说：

> 他诚然担当我们的忧患，
> 背负我们的痛苦；
> 我们却以为他受责罚，
> 被神击打苦待了。
> 哪知他为我们的过犯受害，
> 为我们的罪孽压伤。
> 因他受的刑罚，我们得平安；
> 因他受的鞭伤，我们得医治。（赛 53:4-5）

你明白耶稣受死的意义吗？应该死的人是我，不是耶稣。

我应该受惩罚，不是他。但是耶稣代替了我。他替我死了。

那是我的过犯，但他却受害。是我的罪孽，但他受了刑罚。我的罪恶，但他受痛苦。他受的刑罚换来我的平安。他被击打让我得到医治。他受忧患，我得喜乐。

因他受死，我得生命。

福音的核心

可悲的是，这个代赎的教义可能是基督教福音信息里最被世人恨恶的部分。人们想到耶稣为其他人的罪受罚就厌恶至极。不止一个作家称此为"神圣的虐童"。然而，丢弃代赎就是挖走了福音的核心。没错，圣经中有很多基督受死所成就的事：榜样、和好、得胜，先举三个。但是这一切的背后是代赎，也是所有其他的描述都指向的事。你不能随意略去，或是因为喜欢其他部分就贬低这点，否则你会在整本圣经里到处碰壁。为何要献祭？流血成就了什么？神为什么既能公义又能怜悯罪人呢？神赦免罪孽、过犯和罪恶，但又绝不灭绝罪人（出 34:7）是什么意思？一位公义圣洁的神如何能称罪人为义（罗 4:5）？

这些问题的答案都在加略山的十字架上，在耶稣为他子民的代死上。公义圣洁的神借着耶稣的死能够称罪人为义，慈爱与公义完美的调和。咒诅在公义中得以执行，我们在怜悯中得蒙拯救。

他复活了

当然，所有这些真实美好的消息，都是因为被钉十字架的耶稣不再被死亡拘禁。他从坟墓里复活了。当天使对妇人们说"为什么在死人中找活人呢？他不在这里，已经复活了"时（路24:5–6），门徒们因耶稣的死而有的一切疑惑瞬间消失了。

如果基督像其他"救主"、"老师"或者"先知"一样，没有复活，那他的死和你我的死一样，没什么意义。死亡的潮水会像淹没其他人一样淹没基督，他的每一个宣告都将沉没，变得毫无意义，而人类仍然困在罪中，没有盼望。但是当气息再次进入耶稣的肺里，当复活的生命激动他荣耀的身体，耶稣曾经所有的宣告都被完全地证实了，毫无疑问，不可更改。

保罗在《罗马书》8章33至34节，这样称颂耶稣的复活及其对信徒的意义：

> 谁能控告神所拣选的人呢？有神称他们为义了。
> 谁能定他们的罪呢？有基督耶稣已经死了，而且从死
> 里复活，现今在神的右边，也替我们祈求。

多么奇妙不可测度的话啊！人子耶稣现今在高天，满有荣耀地坐在父神的右边，作为宇宙的王掌管全地。不仅如此，在我们等候他最终荣耀的再来时，他也正为他的子民代求。

但这一切又引出另一个问题：到底谁是"神的子民"？

复习与讨论

本章回顾：很感恩，神审判罪人这一坏消息不是故事的结局。为什么？因为耶稣基督带来了好消息——他无罪的一生，以死代赎，并且荣耀复活。只有耶稣是能够救赎我们的那一位，并且他也这样做了。

钥节：《创世记》3 章 15 节；《以赛亚书》53 章 4 至 5 节；《马可福音》10 章 45 节；《约翰福音》1 章 29 节；《哥林多前书》15 章 14 节、17 节；《哥林多后书》5 章 21 节；《加拉太书》3 章 13 至 14 节；《希伯来书》4 章 15 节；《彼得前书》2 章 24 节，3 章 18 节

1.《创世记》3 章 15 节如何证明"圣经是神反击罪的故事"？（54 页）

2. 耶稣是完全的神也是完全的人为什么是必要的？（57 页）

3. 耶稣和人们所期待的弥赛亚在哪些方面不一样？（58至59页）

4. 请解释代受刑罚（penal substitution）这个圣经概念如何与逾越节和耶稣自己有关联。（60至62页）

5. 在十架上，圣父将对我们罪的愤怒倾倒在了他儿子的身上。有人称这是"神圣的虐童"。这样的指控为何是错误的？（64页）

6. 为什么好消息的结局必须是耶稣的复活？（65页）

第五章　回应：相信和悔改

我很早就开始教我儿子游泳了。这事并不轻松。小家伙当时一岁左右，连在浴缸里弄湿脸都不喜欢，更别说眼前如汪洋的游泳池了。一开始就是让他在上层的台阶上扑腾两下。要是他比较勇敢，就把他的嘴放在水里，让他吹几个泡泡。

最后我说服他和我一起在浅水区走走。当然，他死死地搂住我的脖子。等熟悉这个之后，就该玩大一些了，让他从泳池边跳下来。为了尽到神赋予我做父亲的责任，我把他从泳池里抱出来，放在泳池边上，对他说："来吧，跳！"

那一刻，想必我一岁的儿子觉得我疯了。他脸上的表情瞬息万变，先是满脸困惑，而后渐渐明白，又顽皮地拒绝，最后是全然蔑视。他皱着眉头说："不，我要找妈咪。"我忠心地履行着做父亲的庄严责任，不放弃，追上他并以小恩小惠最终说服他回到泳池。然后真理性的一刻来到了。

我再次跳到水里，站在他面前展开双臂，看着他穿着游泳纸尿裤上下蹿动，一岁的小孩想跳却不真跳时就是这样。"来啊，宝贝。"我说，"我就在这儿。我会接住你的，我保证。"他半信半疑地看着我，又扭了会身体，双膝一屈，然后就跳进池子里了。说他是跳进来的，不如说他是掉进来的。

我接住了他。

之后我们一发不可收拾。"再来，爹地！再来！"半个钟头的跳水，接住，抱起，再开始，跳水，接住，抱起，再开始。

结束时我和妻子担心起来，担心我们的儿子会对水过于自信。要是在没人照看时，他跑到池子里怎么办？他会不会因为记得自己总是安全地跳进水里而认为自己已经可以搞定泳池了？他会不会自己再跳进去？

接下来的几天，我们留心观察他在泳池边的动静。观察到的情况让我们放心了，也让我作为父亲深受感动。小家伙从来没有想跳进水里，除非我站在他下面，伸出双手，向他保证我会接住他。这时候他才会飞身跳起！

看，尽管屡跳不爽，但是我儿子从来不认为自己能应付得了水。他相信他的父亲，以及他父亲向他做出的保证："来吧儿子。跳。我保证会接住你。"

相信和悔改

马可告诉我们，耶稣这样开始他的传道："日期满了，神的国近了！你们当悔改，信福音。"（可 1:15）神要求我们以悔改和相信来回应耶稣的好消息。

纵观整本新约，这是使徒们对人们的呼召。耶稣呼召他的听众悔改并相信这个好消息。在五旬节讲道的结尾，彼得告诉人们"你们各人要悔改，奉耶稣的名受洗"（徒 2:38）。（注："奉耶稣的名受洗"是信耶稣的一种表达。）在《使徒行传》第 20章 21 节，保罗解释了他的传道："（我）又对犹太人和希腊人证明当向神悔改，信靠我主耶稣基督。"在 26 章 18 节他重述了耶稣如何亲自差遣他：

> 要叫他们的眼睛得开，从黑暗中归向光明，从撒但权下归向神；又因信我，得蒙赦罪，和一切成圣的人同得基业。

相信和悔改标识出属基督的人，或者说标识出"基督徒"。换言之，基督徒就是离弃自己的罪，信靠主耶稣基督的人，也唯独依靠主耶稣基督救他脱离罪和将来审判的人。

信心就是信靠

"信心"这个词长久以来被误用，以致于大多数人不知其所云。随便找人问其含义，可能会有还算客气的回答，但人们主要认为信心就是：即使与证据相左，也相信荒谬的事情。

有一年，我和大儿子一起看"梅西百货感恩节游行"的电视转播。那次游行的主题是"相信"。吸引人眼球的是悬挂在游行看台上的"信心测量仪"。每当新的彩车经过，或是乐队演奏，或是穿着精灵服装的演员跳舞时，"信心测量仪"的指针就会跳得更高。毫无疑问，游行的高潮是圣诞老人驾橇而来。

他的雪橇造型酷炫，是一只华丽的天鹅，这时"信心测量仪"爆表了！音乐、舞蹈、彩色纸屑、尖叫的儿童，还有尖叫的大人们，一个外地游客看到这些肯定会认为：没错，这就是弗吉尼亚，这些人真的相信这些。

蒙主保守，我六岁的儿子觉得整个游行吵吵嚷嚷、滑稽可笑。

但这就是现在世人对信心的看法。认为信心是人进入虚幻状态，是个人们想参加就参加的游戏。这个游戏有趣又安慰人，但却与现实世界脱节。孩子们相信圣诞老人和复活节兔子；神秘主义者相信魔法石和水晶球的力量；疯狂的人相信精灵；而基督徒呢，他们相信耶稣。

不过读一读圣经，你会发现信心根本不是如此具有讽刺性，信心不是很多人认为的相信你无法证明的东西。按圣经而言，信心就是信靠。这一信靠稳如磐石，扎根于真理，建立在应许之上，相信复活的耶稣拯救你脱离罪。

保罗在《罗马书》第4章18至21节论到亚伯拉罕时，告诉我们信心的本质。以下是他对亚伯拉罕信心的描述：

> 他在无可指望的时候，因信仍有指望，就得以作多国的父，正如先前所说："你的后裔将要如此。"他将近百岁的时候，虽然想到自己的身体如同已死，撒拉的生育已经断绝，他的信心还是不软弱。并且仰望神的应许，总没有因不信，心里起疑惑，反倒因信，

心里得坚固，将荣耀归给神。且满心相信神所应许的
必能作成。

尽管一切都与神的应许相左：亚伯拉罕上了年纪，他的
妻子年纪大了已经不能生育，但是亚伯拉罕相信神的应许。
他坚定地信靠神，仰望神成就其应许。当然亚伯拉罕的信心
不是完美的，夏甲生以实玛利说明亚伯拉罕起先想靠着自己
的计谋来成就神的应许。但是亚伯拉罕为这罪悔改，最终信
靠神。正如保罗所说，亚伯拉罕信靠神，"满心相信神所应许
的必能作成"。

耶稣基督的福音也呼召我们做同样的事情，相信耶稣，倚
靠他，相信他所应许的必能作成。

以信心获取公义的判决

但是，我们究竟为什么倚靠耶稣？简而言之，倚靠耶稣使
我们在神的审判面前被称为义，而不是被定为有罪。

容我解释。圣经教导，人最需要的是在神的眼里被看为义
人，而不是罪人。当审判来临时，我们需要神对我们的判决是
"义人"，而非"罪人"。这就是圣经里的"称义"，就是神宣称
我们在神眼里是义的，而不是有罪的。

那么我们如何被称为义呢？圣经直白地告诉我们，不是让
神察看我们自己的生活而称义。不是的，只有傻瓜才会这样做。

如果神要算我们为义，就得有所依据，这依据不是我们有罪的记录。神需要以别人的记录为依据，一个代表我们的人。这就需要相信耶稣。当我们相信耶稣，我们就是让他代表我们站在神面前，信靠他无罪的生命，信靠他在十字架上为我们的罪而受死。换言之，我们相信神会将耶稣的记录归算给我们，因此称我们为义（罗 3:22）。

你可以这样理解：当我们信靠耶稣拯救我们时，我们就与他联合，一个重大的交换发生了。我们一切的罪、悖逆和邪恶都归给了耶稣，他也因此而受死（彼前 3:18）。同时，耶稣所活出的完全的生命归给了我们，我们被称为义。当神看我们，他看到的不是我们的罪，而是耶稣的义。

这就是保罗在《罗马书》第 4 章所写的。保罗写道，我们在自己的行为以外蒙神"算为义"，罪得"遮盖"（罗 4:5、7）。最重要的是，保罗令人震惊地说神"称罪人为义"（罗 4:5），就是此意。神称我们为义，不是因为我们自己是义的。感谢神这是事实，因为我们没有一个人能够达到称义的标准。神称我们为义，是因为我们借着信心，披戴了基督公义的生命。神以全然的恩典拯救我们，不是因为我们做过的任何事情，而是单单因为耶稣为我们所做的。

借着描述大祭司约书亚穿新衣服的美好景象，先知撒迦利亚也解释了这点。撒迦利亚写道：

> 天使又指给我看，大祭司约书亚站在耶和华的使

者面前，撒但也站在约书亚的右边，与他作对。耶和
华向撒但说："撒但哪，耶和华责备你，就是拣选耶
路撒冷的耶和华责备你，这不是从火中抽出来的一根
柴吗？"约书亚穿着污秽的衣服，站在使者面前。使
者吩咐站在面前的说："你们要脱去他污秽的衣服。"
又对约书亚说："我使你脱离罪孽，要给你穿上华美
的衣服。"我说："要将洁净的冠冕戴在他头上。"他
们就把洁净的冠冕戴在他头上，给他穿上华美的衣
服，耶和华的使者在旁边站立。（亚 3:1-5）

那些华美、洁净的新衣不属于约书亚，洁净的冠冕也不属
于他。属于约书亚自己的只有他站在神面前所穿的污秽衣服。
撒但正要指着这些污秽衣服嘲笑他，指控他。约书亚在神面前
享有的公义不是他自己的，而是另一位赐给他的。

我们基督徒也是这样。我们在神面前的义不是我们自己的，
而是耶稣赐给我们的。神曾经看他的儿子，看到了我们的罪；
神现在看我们，看到了耶稣的义。正如歌曲所唱：①

　　父神的公义得满足，
　　仰望耶稣就得释放。

---

①　歌曲为《在神高天宝座前》（*Before the Throne of God Above*），由
　　Charitie L.Bancroft 于 1863 年创作。

唯独信心

当你意识到，你的得救是多么仰赖耶稣，就是他为你的罪受死，为你得称为义而舍命，你就会明白为何圣经如此坚持救恩唯独从信耶稣而来。世上没有其他道路，没有其他救主，没有其他任何事和人，我们可以倚靠得救，包括我们自己的努力。

人类历史上的其他宗教都拒绝"单单因信称义"这个理念。相反，其他宗教主张救恩是通过道德努力、好行为获得的。就是要自己的行善超过自己的行恶，来平衡我们的功过。这么想真的不意外，人就是本能地会认为甚至坚信，在我们的得救上，我们可以有所贡献。

我们都是倾向于倚靠自己的人。我们认为自己是自足的，并且憎恶我们被称义是依靠别人的说法。想想，对你的工作或是你看重的东西，如果有人说："那不是你赚来的，是别人给你，你才有的。"你会有何感受？但是我们在神面前得救正是这样。救恩是神赐给我们的恩典，我们没有丝毫贡献。我们自己没有义，也不能为自己的罪付上代价，当然也没有任何可以平衡功过的好行为（加 2:16）。

相信基督意味着你完全放弃其他在神面前被称义的指望。你发现自己在依靠自己的好行为吗？信心意味着承认你的好行为极度匮乏，并单单信靠基督。你发现自己在依靠你自认为的良心吗？信心意味着明白你的内心全然败坏，并单单信靠基督。换个说法，信心就是从泳池边跳下去，并且说："耶稣，你要是不接着我，我就完了。我没有别的指望，没有别的救主。耶稣救我，不然我就死了。"

这就是信心。

悔改，硬币的另一面

耶稣告诉他的听众："你们当悔改，信福音。"（可 1:15）如果信心是转向耶稣并倚靠他得救恩，那悔改就是这枚硬币的另一面。悔改是在我们凭信心转向耶稣时，转离罪，恨恶罪并靠着神的力量决心弃绝罪。因此彼得告诉旁观的人群："所以你们当悔改归正，使你们的罪得以涂抹。"（徒 3:19）保罗告诉众人"他们应当悔改归向神"（徒 26:20）。

悔改对基督徒的生命而言不是可选择的附加物。悔改对基督徒的生命至关重要。悔改界定了谁是被神拯救的人，谁是未被神拯救的人。

我认识很多人，他们会说："嗯，我已接受耶稣作我的救主了，所以我是个基督徒。但是我还没有准备好接受他作我生命的主。我还有些事情要处理。"换句话说，他们声称自己相信耶稣并得救了，只是还没有为罪悔改。

如果正确理解悔改，我们就会知道，人不可能只接受耶稣作救主，而不让他作自己生命的主。一方面，这种想法扭曲了圣经所说的悔改，及悔改与救恩的联系。例如，耶稣警告说："你们若不悔改，都要如此灭亡！"（路 13:3）在听到彼得讲述哥尼流信主的事情时，门徒们赞美神，因神叫外邦人"悔改得生命"（徒 11:18）。保罗在《哥林多后书》第 7 章 10 节中说"悔改以致得救"。

再者，就其核心而言，相信耶稣就是相信耶稣真是他所说的那一位。他是被钉十字架并复活的君王，他已经战胜死亡和罪，他有拯救的大能。所以一个相信这一切，信靠这一切并倚靠这一切的人，怎么可能又说"但是我不认为你是掌管我的君王"？这一点儿也说不通。相信基督本身就意味着应当弃绝君王耶稣已经胜过的罪。没有对罪的弃绝，就是对已经胜过罪恶的耶稣没有真信心。

正如耶稣在《马太福音》第 6 章 24 节所言："一个人不能侍奉两个主。不是恶这个爱那个，就是重这个轻那个。"相信君王耶稣就是弃绝他的仇敌。

悔改，不是行为完全，而是立定心志

这并不意味着基督徒永不会犯罪。为罪悔改不意味着不再犯罪，肯定不是一下子不再犯罪了，通常也不是在某些方面不再犯罪了。即使神给了我们属灵的新生命，基督徒仍然是堕落的罪人，我们会继续与罪争战，直到与耶稣同得荣耀（参加 5:17；约壹 2:1）。但是，虽然悔改不意味着我们不再犯罪，但却意味着我们不再与自己的罪和平相处了。我们会向罪宣战，并靠着神的力量在生命中的方方面面抵挡罪。

很多基督徒难以接受这样的悔改，因为他们期待如果自己真心悔改，罪恶将离开他们，试探也会止息。而这些没有发生时，他们就陷入绝望，怀疑自己是否真的相信耶稣。我们可以确定的是，当神重生我们时，他给我们能力抵挡罪并胜过罪（林前 10:13）。但是我们要一直与罪争战，直到得荣耀的时候，所以我们要记住，真正的悔改是内心对罪的态度问题，而不单单是行为改变的问题。我们是恨恶罪，与罪抗争？还是迷恋罪，袒护罪？

有位作家美妙地阐述了这个真理：[2]

> 一位没有归主的人与一位归主之人的差别，不在于一人犯罪，另一人不犯罪；而在于一个迷恋罪，与罪为伍，敌对神，另一个与神和好、与神为伍，恨恶罪。

你站在哪一边？你的罪这边，还是你的神这边？

真正的改变，真正的果子

圣经说当一个人真正悔改和相信基督时，这个人会有属灵的新生命。"你们死在过犯罪恶之中，"保罗说，"然而神既

---

② 作者 William Arnot, 书名 *Laws from Heaven for Life on Earth*，出版社 London:T.Nelson and Sons, 出版时间 1884, 第 311 页。

有丰富的怜悯，因他爱我们的大爱，当我们死在过犯中的时候，便叫我们与基督一同活过来。"（弗 2:1、4-5）当这发生时，我们的生命就改变了，不是瞬间的改变，不是飞速的，甚至可能不是稳定的改变。但是生命确实改变了。我们就开始结果子。

圣经说基督徒要和耶稣一样，生命有慈爱、怜悯和良善的标记。保罗说，真正的基督徒会"行事与悔改的心相称"（徒 26:20）。"凡树木看果子，就可以认出它来。"耶稣说，"人不是从荆棘上摘无花果，也不是从蒺藜里摘葡萄。"（路 6:44）换言之，当人有了新的属灵生命，他们就开始做耶稣做过的事情。他们开始像耶稣那样生活，并且结出好果子。

有件事我们必须保持警醒，就是不要把所结的果子当成我们得救的依靠。当我们开始看到生命中的果子时，就会不知不觉地要倚靠果子，而非信靠基督得救恩，这种危险常在。基督徒要抵挡这样的试探，要意识到你所结的果子不过是因着神的恩典，在基督里已经成为好树而结的果子。倚靠自己的果子而得到神的喜爱，最终只会使你的信心从耶稣转到自己身上。而这根本不是福音。

你会指向哪里？

当你在审判日站在神面前时，你打算做什么或者说什么让神算你为义，赐给你他国度里各样的福气？你会从口袋里掏出什么良善行为或圣洁态度来打动神？去教会参加聚会的出席情况吗？家庭生活？毫无污秽的心思意念？没有做在你看来十恶不赦的事？我想知道当你说"神啊，就因这个，称我为义"时，你会在神面前拿出什么？

我要告诉你，靠着神的恩典，每一位唯独信靠基督的基督徒会怎么做。他们会单单地、默默地指向耶稣。他们会请求："神啊，不要在我的生命中寻找任何公义。看你的儿子。不是因为我做的任何事，或我是个怎样的人，而是因为耶稣而算我为义。他活出了我应该活出的生命，承受了我应当承受的死亡。我没有别的指望，我的指望只在乎基督。神啊，因着耶稣，称我为义。"

复习与讨论

本章回顾： 我们现在讲到的都是历史的事实，完全是神自己做成的。这些都是真的，无论人们是否承认，他们都真实发生了。但是，这些事实——这些上帝的工作——要求我们的回应，即对罪真诚地悔改并信耶稣和他所成就的。

钥节：《马可福音》1 章 15 节；《使徒行传》2 章 38 节，3 章 19 节，20 章 21 节，26 章 18 至 20 节；《加拉太书》2 章 16 节；《以弗所书》2 章 1 至 5 节；《约翰一书》2 章 1 节

    1. 如果信心不仅仅是相信一些你无法证明的东西，那信心是什么？（71 至 73 页）

    2. 我们依赖耶稣具体是指依赖他什么？（73 至 75 页）

3. 当我们试图弄明白救恩，一个很重要的基督教教义是与基督联合。这意味着耶稣所活出的，基督徒都因为恩典而得着。信心和悔改如何使基督徒与基督联合？（73 至 75 页）

4. 基督教所坚持的是"唯独因信称义"，请解释它的特别之处在哪里？（76 页）

5. 悔改和信心是彼此相连、相互依赖的，你不能舍弃其中任意一个。但如果我们是唯靠信心得救，为什么悔改也是必要的？（77 至 78 页）

6. 为什么不可能一面声称耶稣是救主，但又拒绝不将他当作主？（77 至 78 页）

7. 悔改并不意味着基督徒会变得完美，不再犯罪。那么，为罪悔改应该是什么样子的？（见 78 至 80 页）

8. 基督徒会结出属灵的果子。但我们该如何抵挡将果子——比如好行为——当作是我们得救的依靠这种错误倾向。我们该如何持守对基督的信靠？（80 至 81 页）

9. 如果你正在阅读本书，但你还不是基督徒，你为何还没有将自己交托给耶稣并且相信他？你是否仍旧觉得自己的理由足够充分？

如果阅读本书的你已经是基督徒了，持守信心和悔改的操练于你是否还和初信之时一样有意义？

第六章　　神的国

在我们教会停车场的入口有一块铜匾，上面镌刻着宣教士吉姆·艾略特的话语："为了得到绝不会失丧的东西，而丢弃无法永远持有之物，这样的人绝不是愚昧的。"我很爱这句话，因为它准确地表达了作为基督徒的代价和奖赏。

毋庸置疑，成为基督徒是有代价的（路 14:28）。但同样真实的是，成为基督徒的奖赏也妙不可言。罪得赦免、被接纳作神的儿女、与耶稣有真实的关系、圣灵的恩赐、脱离罪的辖制而得自由、教会的团契生活、将来复活和荣耀的身体、与神的国有份、新天新地、永远与神同在、得见神的面，所有这些都是神在基督里给我们的应许。难怪保罗引用以赛亚的话：

> 神为爱他的人所预备的，
>
> 是眼睛未曾看见，
>
> 耳朵未曾听见，
>
> 人心也未曾想到的。（林前 2:9）

基督徒的生命不只是确保你免去神的忿怒。远非如此！这是与神有一个正确的关系，并最终永远以神为乐。也就是得到我们不会失丧的东西，即成为神永恒国度的公民。

一个人从相信耶稣基督的那一刻开始，他生命中的一切都永远地改变了。我知道有时候并没有这样的感觉。没有从天上飘下五彩纸屑，没有号角声，没有歌唱的天使（至少我们没能听到），然而变化却是真实的。一切都改变了。神已经"救了我们"，保罗说，"脱离黑暗的权势，把我们迁到他爱子的国里"（西 1:13）。

何谓神的国？

神的国是新约里的一个重要主题。耶稣自己一直传讲神的国："你们当悔改，因为神的国近了。"《使徒行传》第 28 章 31 节如此概述保罗的传道："放胆传讲神国的道，将主耶稣基督的事教导人，并没有人禁止。"《希伯来书》的作者因信基督的人"得了不能震动的国"而欢喜雀跃。彼得鼓励他的读者记得自己已经丰丰富富地进入了"我们主救主耶稣基督永远的国"（彼后 1:11）。接着在《启示录》中，天军齐声赞美："我神的救恩、能力、国度，并他基督的权柄，现在都来到了。"（启 12:10）

但究竟什么是神的国？是神对其有特别权柄的王土、王国吗？是教会吗？此时已经降临了？还是我们要等候，将来会降临？到底谁在神的国里？神的统治不是包括每个人，无论他是否相信耶稣吗？我们所有人不是都在这个国度里吗？不论我们是不是基督徒，我们所有人不能为建立这个国度而努力吗？

让我们看看圣经对神的国的几个教导，试着解明其中一些问题。

神救赎性的统治

首先，神的国是神对他子民救赎性的统治。"国度"一词本身带有强烈的内涵。在这里容易引起误解。通常当我们想到国度时，我们想到一片特定的、疆界已经确定的土地。对我们大部分人而言，国度是一个地理名词。但在圣经里不是这样的。按照圣经，最好将神的国理解为"王权"，而非我们通常说的"王国"。因此，神的国是指神的掌权、统治和权柄（诗145:11、13）。

不过，还有一个重要的词需要加到我们的定义中。圣经说，神的国不只是神的掌权和统治，也是神救赎性的掌权和统治，是神对其子民施行慈爱的主权。

是的，宇宙中没有一寸土地、没有一个人是独立于神的掌权或是在他的权柄之外的。他创造了万物，治理万物，他也将审判万物。但是当圣经使用"神的国"一词时，通常是特指神对他子民的统治，也就是那些借着基督得蒙拯救的人。因此保罗说基督徒已脱离黑暗的权势，被迁到基督的国里（西1:12–13），他也慎重地指出，不义的人不能承受神的国（林前6:9）。

简而言之，神的国就是神对被耶稣救赎之人的救赎性掌权、统治和权柄。

已经降临的国度

神的国已经降临。耶稣开始他在地上的事工时，他传讲惊人的消息："天国近了，你们应当悔改。"（太3:2）事实上可以将这话翻译为"你们应当悔改，因为天国已经来了！"

我们知道，耶稣的这些话是怎样惊人的宣告。几个世纪以来，犹太人一直在等候、盼望、祈求神国的到来。祈求有一天神在地上建立他的统治，使他的子民得以伸冤。现在耶稣来了，这位拿撒勒木匠出身的老师告诉犹太人，他们一直等候的日子已经到了。

不仅如此，耶稣还宣告神的国已经在他里面开启了。所以在《马太福音》第12章28节，当法利赛人控告耶稣是以撒但的名义赶鬼时，耶稣斥责他们，并发出让人震惊的宣告："我若靠着神的灵赶鬼，这就是神的国临到你们了。"你明白耶稣在说什么吗？很清楚，耶稣在赶鬼，他是在靠着神的灵赶鬼。最后他所宣告的是，神对他子民所应许的救赎开始了。神的国已经降临。

这是何等让人敬畏的事情！耶稣的道成肉身远不只是创造主对世界的一次友好访问。这是神完全地、最终地反击，反击一切因亚当堕落而进入世界的罪、死亡和毁坏。

在新约耶稣的生平中，这场战争随处可见。君王耶稣独自去到旷野面对撒但，撒但在很久之前试探亚当并使世界陷入败坏，但耶稣这次将其击败了。耶稣摸了生来瞎眼之人的眼睛，让这人生平第一次看到了光。耶稣注视漆黑的、让人悲伤的坟墓，说"拉撒路，出来！"当已死之人走出坟墓时，死亡对人类的掌控开始变弱。

当然最重要的是当耶稣在十字架上喊"成了！"时，罪恶被击败。当天使说（我确定是笑着说的）"为什么在死人中找活人呢？他不在这里，已经复活了"（路 24:5-6），死亡的权势最终一败涂地。耶稣逐步逐个地改变堕落带来的影响。世界真正的王已经来了，拦阻建立他国度的罪、死亡、地狱和撒但都被决绝地击溃了。

这意味着，神国的许多祝福已经是我们的了。所以耶稣告诉他的门徒，他将赐给他们"另一位保惠师"，就是圣灵。圣灵将引领他们，使他们知罪并使他们成圣。基督徒同样知道，我们现在已经被接纳到神的家中，已经与神和好了。保罗甚至说，在神的眼里，我们已经与基督一同复活，一同坐在天上了（弗 2:6）。

这个真理很安慰人。但还有其他同样重要的方面，我们必须明白。

尚未成就的国度

神的国尚未完全成就，直到君王耶稣再来之时才会完全成就。尽管耶稣推翻了邪恶的势力，但还没有完全、最终在地上建立神的统治，至少现在还没有。壮士被绑了起来，却没有被毁灭。邪恶被打败了，却没有被清除。神的国开启了，却还没有最终完全成就。

耶稣说将来有一天神的国会最终成全。耶稣说，在那日众天使要"把一切叫人跌倒的和作恶的，从他国里挑出来……那时义人在他们父的国里，要发出光来，像太阳一样"（太13:41-43）。在最后的晚餐上，耶稣也期盼再次与门徒一起喝葡萄汁的那日子："我告诉你们：从今以后，我不再喝这葡萄汁，直到我在我父的国里同你们喝新的那日子。"（太26:29）

保罗也切切盼望永恒中死人的复活（林前15）。保罗还告诉以弗所人，他们受了圣灵为印记，圣灵"是我们得基业的凭据，直等到神之民被赎"（弗1:14）。之后保罗说，神已救了我们，"要将他极丰富的恩典，就是他在基督耶稣里向我们所施的恩慈，显明给后来的世代看"（弗2:7）。彼得同样说到"到末世要显现的救恩"（彼前1:5）。《希伯来书》的作者告诉读者，他们"在世上是客旅，是寄居的"（来11:13），他们应当等候"那座有根基的城，就是神所经营、所建造的"（来11:10）。

基督徒最大的盼望，也就是我们的渴求、力量和鼓励的源头，是我们的王离天而降的日子。他会来成就他荣耀的国度，在那荣耀的时刻，世上的一切事物得以归正，公正最终得以实现，邪恶被永远地打败，公义被完全建立。神在《以赛亚书》65 章 17 至 19 节这样应许：

> 看哪，我造新天新地，
> 从前的事不再被记念，也不再追想。
> ……
> 我必因耶路撒冷欢喜，
> 因我的百姓快乐。
> 其中必不再听见哭泣的声音和哀号的声音。

先知告诉我们，在那日：

> 在我圣山的遍处，
> 这一切都不伤人、不害物，
> 因为认识耶和华的知识要充满遍地，
> 好像水充满洋海一般。（赛 11:9）

孩提时，我以为基督徒的命运就是在没完没了、无形无体的教会聚会中度过永恒。这个想法太可怕了！但其实这个想法大错特错。神要为他的子民创造一个没有罪、死亡和疾病的新世界。战争将止息，压迫会停止，神将永远与他的子民同住。神的子民不再遭受死亡；坟墓不再以泪水灼伤我们的双眼；婴儿不再夭折；我们不再悲哀、痛苦和哭泣；我们不再渴望回家。因为如《启示录》告诉我们的，神会亲自擦去我们一切的眼泪，我们将见他的面。

你会怎么回应这一切？我想到的是：哦，主耶稣，愿你快来！

我一直有点吃惊，就是人们谈论所有这些应许，新天新地，没有邪恶的天上之城，没有死亡、战争和压迫的世界，复活的子民永远喜乐地活在神面前，然后将应许置之脑后，说："来吧，让我们去实现这一切！"

事实上，人类没有能力建立和成全神的国。尽管我们竭尽所能，也出于善意想要世界更加美好，但圣经中应许的国度只有在君王耶稣再来的时候才会实现。

需要记住这至关重要的一点，至少有两三个理由。第一，这会防止我们陷入错误的、最终盲目的乐观，认为我们在这个堕落的世界中还能有所成就。基督徒当然能够给社会带来一些变革。这在历史上曾经发生过，我也不怀疑现在有些变革也正在进行，而将来还会再有。基督徒在世界上已经做了很多极美善的事情，并且会继续做，那就是将神与耶稣基督彰显给这个世界。

但是圣经的脉络使我们认识到，直到基督再来，我们在社会、文化上的胜利将是不堪一击的，不会永久保存。基督徒永远不会实现神的国，只有神自己能实现。天上的耶路撒冷是从天上降下来的，不是从地上建起来的。

更重要的是记住，只有当耶稣再来时，神国才会建立，这是我们盼望的中心、情感的中心，也是我们对耶稣渴望的中心。

我们不是期待人的力量、人的作为、人的权柄，甚至不是期待我们自己的努力使一切归正，而是举目望天，与使徒约翰一起呼喊："是的，主耶稣啊，我愿你来！"我们对他的再来更加期盼，我们向他的祷告更加炽烈，我们对他的爱更加深厚。简而言之，我们的渴望和盼望应当牢固和正确的聚焦在那个国度的君王身上，而不是那个国度。

对君王的回应

进入神的国完全取决于一个人对这位君王的回应。耶稣对此已经说得再明确不过了。耶稣再三指出，决定一个人能否进入他国度的唯一因素是这个人如何回应耶稣和他的信息。想一想那个青年财主，他问："我当作什么事，才可以承受永生？"耶稣的回答说到最后是"跟从我"。对这个青年人来说，这意味着不再依靠他自己的财富，而是转而信靠耶稣（可10:17、21）。

耶稣一次又一次地说，神要在人类中间划清界限，将得救的人从未得救的人中间分别出来。使两者成为不同的是他们如何回应耶稣。这是《马太福音》第25章里绵羊和山羊的故事所要讲的。最终，"来"与"离开我"的差别在于：每个人如何回应耶稣，如何回应耶稣的"弟兄"，也就是耶稣的子民。

当然首先是耶稣在十字架上为我们死，我们才能成为他的子民。这是耶稣真正让人震惊的方面，不只是他是君王，他开启了一个慈爱与怜悯的国度。这些都还不那么让人震惊。每个犹太人都知道这一天会来到。耶稣的福音真正让人惊愕不已的，是这位君王为了救赎他的百姓而受死，弥赛亚竟是一位被钉十字架的弥赛亚。

几个世纪以来，犹太人都在盼望一位弥赛亚君王来拯救他们。他们也盼望耶和华受苦的仆人（以赛亚的预言），他们甚至依稀期待要在末后的日子显现的神圣"人子"（《但以理书》）。然而，他们从来不知道这三者是同一个人。在耶稣之前从来没有人将这三者合而为一。

但是，耶稣不仅宣称自己成就了以赛亚的弥赛亚盼望（他就是那位君王），他也不断地称自己为《但以理书》第7章中神圣的"人子"。耶稣甚至说，人子来是"要舍命，作多人的赎价"（可10:45），这就准确无误地指向《以赛亚书》第53章10节中耶和华受苦的仆人。

你明白耶稣在宣称什么吗？他在说，他自己一次地、全部地成就了所有身份：出自大卫后裔的弥赛亚、以赛亚预言中受苦的仆人，以及但以理所说的人子。耶稣取了人子的神性，加上仆人的替代性受苦，最后以弥赛亚的身份结合这一切。当耶稣将犹太人的所有希望结合起来时，这位君王远远超越了犹太人盼望的地上革命。耶稣是那位神圣的"奴仆君王"，为自己的百姓受苦受死，好使他们得救赎，使他们在他的父眼里成为义，将他们满有荣耀地带进他的国度。

鉴于此，耶稣决定人能否进他的国，单单取决于这人是否为罪悔改、相信耶稣以及他在十字架上的救赎之工。当耶稣谈论"天国的福音"时，他的重点不只是天国已经降临。耶稣的重点是：天国已经降临，如果你相信唯有我能救你脱离罪，并因此与我这位君王联合，那你就能够进入天国。

因此，身为基督国度的公民不只是"过天国的生活"，或是"效法耶稣的榜样"，或是"像耶稣一样生活"。实际上一个人可以自称是"耶稣的跟随者"或"过天国生活的人"，而仍然在天国之外。人只要愿意，就可以像耶稣那样生活。但是除非你带着悔改和信心就近这位被定十字架的君王，并单单倚靠他为你的罪所摆上的完美牺牲，依靠他是你得救的唯一盼望，否则你既不是基督徒，也不是他国度的公民。

进入基督国度的方法是就近这位君王，不只是称颂他为伟大的榜样，向我们展示了更好的生活方式，而是谦卑地相信他是被钉十字架并复活的主，唯有他能救你脱离死刑。在末后的日子，进入天国的唯一方法是借着这位君王的宝血。

为这位君王而活的呼召

成为天国的公民是被呼召过天国的生活。在《罗马书》第6章4至11节，保罗呼召基督徒要认识到，他们已经从罪的辖制下被救赎，被迁到神的国度里了。

> 所以我们藉着洗礼归入死，和他一同埋葬，原

是叫我们一举一动有新生的样式，像基督藉着父的荣耀从死里复活一样。我们若在他死的形状上与他联合，也要在他复活的形状上与他联合。因为知道我们的旧人和他同钉十字架，使罪身灭绝，叫我们不再作罪的奴仆。因为已死的人是脱离了罪，我们若是与基督同死，就信必与他同活。因为知道基督既从死里复活，就不再死，死也不再作他的主了。他死是向罪死了，只有一次；他活是向神活着。这样，你们向罪也当看自己是死的；向神在基督耶稣里，却当看自己是活的。

当我们凭着信心被带进神的国，圣灵就赐给我们新生命。我们成为新国度的公民、新君王的子民。因此，我们也有新的义务来顺服这位君王，来以荣耀他的方式而活。这就是为何保罗说：

所以，不要容罪在你们必死的身上作王，使你们顺从身子的私欲。也不要将你们的肢体献给罪作不义的器具；倒要像从死里复活的人，将自己献给神，并将肢体作义的器具献给神。（罗 6:12-13）

直到基督再来，我们这群他的子民继续活在这个罪恶的世代。我们的君王呼召我们行事为人要对得起他召我们进入的国度（帖前 2:12），要在这弯曲悖谬的世代"好像明光照耀"（腓

2:15）。过天国的生活完全不能使我们进入天国。而是说，一旦我们借着相信那位君王被带进神的国，我们发现自己有了新的主人、新的律例、新的典章和新的生命，因此我们就开始想要过天国的生活。

圣经告诉我们，在这个时代里，天国的生活主要是在教会里活出来的。你想过这点吗？教会就是这个时代里神的国彰显的地方。请看《以弗所书》第3章10至11节：

> 为要藉着教会使天上执政的、掌权的，现在得知神百般的智慧。这是照神从万世以前，在我们主基督耶稣里所定的旨意。

教会是神选择的剧场，首要展示神的智慧和福音的荣耀。正如很多人以前所说，教会是神的国在这个世界上的前哨基地。说教会是神的国并不正确，正如我们已经看到的，神的国远不止如此。但是可以说在这个时代里，教会是我们看到神国彰显的地方。

你想看到神的国是什么样吗？至少是在成全之前的样子。你想看在这个时代活出天国的生活吗？那么看教会吧。这是神的智慧彰显的地方，是曾经相互疏远的人因耶稣而和好、合一的地方，是神的圣灵作工重塑和重建人类生命的地方。在这里，神的子民学习彼此相爱，学习互担重担，学习一同受苦、同悲同喜，学习互相督责。当然教会是不完美的，但是教会向一个亟需救赎的世界活出并彰显了天国的生活。

穿越黑暗，继续前行

正是世界对救赎的迫切需要，使得基督国度的公民在这个时代里活得很艰难。对世界来说，基督徒是有威胁性的，而且世界一向这么认为。在早期教会时代，宣称"耶稣是主"就是拒绝皇帝的权柄，是蛊惑人心、大逆不道的话，基督徒因此被杀害。今天，宣称"耶稣是主"就是拒绝多元化，是宗教盲从和令人难以容忍的，世人也因此辱骂我们。

圣经从来没有说天国的生活是容易的。争战持守而忠于那位君王并不容易。耶稣应许说，跟随他的人要遭受逼迫，他们要遭人辱骂、嘲笑，甚至被杀。但是即便如此，我们基督徒仍然继续前行，因为我们知道，在神面前有为我们存留的、超乎想象的基业。

托尔金史诗般的巨著《指环王》的最后一部中，故事的主人公们来到了他们旅程中最黑暗的地方。千里迢迢，他们终于来到了邪恶之地，也就是他们的目的地。但由于各种原因，此时一切似乎都失去了。然而在那最黑暗的时刻，主人公之一的山姆凝视黑暗的天空。托尔金写道：

> 群山之上，西边的夜空依旧昏暗苍白。在那里，穿过乌云的缝隙，在群山上空，山姆看到了一颗闪烁的星斗。那星光的华美直击他的心口。当他再次望向眼前荒凉的大地时，希望再次燃起。就像一支箭一样，

一个念头刺穿了山姆，他清醒地意识到，黑暗最终不
过是渺小短暂的：永远都会有黑暗无法触及的光明与
荣美。

这是故事中我最喜欢的片段之一。因为在这里，宣告自己
相信基督的托尔金告诉我们，如何找到穿越黑暗、继续前进的
勇气。这勇气来自于希望，来自于深知我们现在的苦楚不过是
渺小短暂的。如保罗所说，与我们的君王再来时要显于我们的
荣耀相比，现在的苦楚算不上什么。

复习与讨论

本章回顾："神的国"这个概念是被误解最多的圣经概念之一。基督徒应该知道以下真理：

- 耶稣亲自开启，以此证明他的王权。
- 它已经到来，却未完全。
- 对神来说，这只是时间问题，也只有神能完成他已经开始的工作。
- 是否能进入神的国取决于一个人对这位君王的回应。
- 在这地上我们对教会的委身显明我们进入了神的国。

钥节：《马太福音》3章2节，13章41至43节；《使徒行传》28章31节；《以弗所书》3章10至11节；《启示录》12章10节

1. 当圣经使用"神的国"这个词时，它指的是什么？（86页）

2. 神的国是过去的、现在的还是将来的？（88至89页）

3. 何种意义上神的国已经临到？（88 页）

4. 如果基督徒的命运不是"在没完没了、无形无体的教会聚会中度过永恒"（91 页），那应该是什么？（91 至 92 页）

5. 只有神能建立和成全他的国，为什么记住这一点至关重要？（92 至 93 页）

6. 能否进入神的国是以什么为标准？（93 页）

7. 一位弥赛亚君王，一位受苦的仆人，一位神圣人子——在旧约时代犹太人所期盼的这三者最终降临，但他们从来没有想过这三者是同一个人。在新约中，耶稣从哪些方面显出自己符合这些身份？为何每一个身份都如此重要？（94 页）

8. 神的国如何在一个基督徒与地方教会的关系中被显明出来？（95 至 97 页）

第七章　　持守以十字架为中心

在约翰·班扬的《天路历程》中，主人公基督徒有一次和两个抄近道的家伙"死板"和"虚伪"谈话。他们坚称自己和基督徒一样，也在去天国的路上，并很确信自己会到那里，因为他们国家的很多人之前都走过这条路。

当然，他们的名字出卖了他们。死板和虚伪根本到不了天国。

基督徒第一次看到这两个人时，他们正从基督徒所走的窄路一侧的墙上跳下来。基督徒当然看出这是不对的，因为他知道进入窄路的唯一合法途径是通过窄门。在这个故事里，窄门象征着悔改和相信被钉十字架的基督。

基督徒从不害怕单刀直入，他问这两个人："你们为什么不从窄门进来？"两人立马解释说，他们国家的人觉得窄门太远了，所以他们很早就决定要"抄近路"。此外，他们辩解道：

> 我们只要是走上这条路了，怎么进来的有什么关系？我们进来了，就是进来了。你在这条路上，你是从窄门进来的；我们也在这条路上，我们是翻墙进来

的。你又哪里比我们强呢？

基督徒警告他们：天国的主已经下令，每个进入天国的人必须从窄门进入窄路。基督徒给他们看了他在窄门那里得到的书卷，他必须在天国的门口把它拿出来才能进入天国。"我想，"基督徒说，"你们没有这个，因为你们不是从窄门进来的。"

班扬的重点是要指出，通向救恩的唯一途径是通过窄门，也就是通过悔改和相信。只是过基督徒样式的生活是不够的。如果一个人不经过窄门而走上这条路，那他就不是一个真正的基督徒。

一个更强大、更实际的福音？

这是老故事了，但班扬要说明的事情更古老。从起初人们就努力以自认为合理的方式拯救自己，而不是听从并顺服神。人们总是想知道如何不经过窄门，也就是绕开耶稣基督的十字架而让救恩和福音有功效。

当今时代也是如此。我确实认为现今基督的身体面临的一个最大危险，就是不再以耶稣在十字架上替罪人死为福音的中心，而是以其他为中心来再思和重述福音。

这样做是出于很大的压力，似乎有几方面的压力。一个主要的压力是，人们越来越认为，借着基督的死而罪得赦免这个福音好像不够"强大"，说这个福音不解决诸如战争、压迫、贫穷和不公义的问题。一位作家说，在面对这个世界的现实问题时，这福音真的"没有那么重要"。

不过我认为这个说法大错特错。所有这些问题，追根究底是人罪恶的结果。而人愚蠢地认为多点行动，多点关怀，多点"像耶稣那样生活"，我们就能够解决这些问题了。不是的，只有十字架能真正地、一次性地解决罪的问题，也只有十字架使人类有可能进入神完美的国度。

然而找一个"更强大"、"更实际"的福音的压力似乎抓住了很多人。很多书将十字架放到了福音阐述的次要位置。取而代之的是宣称福音的核心是神正在重塑世界，或神已经应许了一个一切会被归正的国度，或神正呼召我们与他一起改变我们的文化。不管是什么具体方面，结果就是"耶稣替罪人而死"一次次地被臆断、被边缘，甚至（有时故意地）被忽略了。

三个代用的福音信息

在我看来，这个"除以十字架为中心"正发生在福音派基督徒当中，难以察觉，方式各异。近年来，一系列"更大更好"的福音信息得到支持，每种福音信息似乎都得到了很大的支持。然而，只要这些"更强"的福音信息不以十字架为中心，我就要说，这些谈不上是福音，或者根本不是福音。我来举三个例子。

第一，"耶稣是主"不是福音

这些"更强"福音信息中最流行的一个，就是宣称好消息仅仅是宣告"耶稣是主"。就像一位传令官进入城中宣告："凯撒是主"，基督徒宣告一个好消息：耶稣是掌权者，他正使全世界与他自己和好，并将其放在他的统治之下。

当然，"耶稣是主"这个宣称是完全的、极其正确的，并且宣称耶稣是主是福音信息必不可少的。所以保罗在《罗马书》第 10 章 9 节说，承认"耶稣是主"的人将得救。在《哥林多前书》第 12 章 3 节，保罗说只有靠着神的灵，人才承认这个真理。

但是，说"耶稣是主"这一宣告是基督教好消息的全部要点和内容肯定是不对的。我们已经看到早期基督徒在传讲福音时，传讲的不只是这点。在《使徒行传》第 2 章，彼得确实传讲："故此，以色列全家当确实地知道，你们钉在十字架上的这位耶稣，神已经立他为主、为基督了。"（徒 2:36）但是在这一陈述前后，彼得详尽地解释了"耶稣是主"的意思。意思是这位主已经被钉十字架，被埋葬并且复活了；也意味着最重要的是他的死亡和复活为那些愿意悔改并相信他的人成就了"罪得赦免"。彼得不是只宣称耶稣是主。他宣告这位主已经代表他的子民采取行动，拯救他们逃离神对他们的罪的忿怒。

至此我们应该清楚，单单说"耶稣是主"而不解释耶稣如何不单单是主，也是救主，就根本不是福音。主的权柄意味着有权利审判，我们也已知道神定意要审判邪恶。因此，对一个背叛神，背叛弥赛亚的罪人来说，宣告耶稣已经作主是个可怕的消息。这意味着你的敌人赢得了王位，现在要因你背叛他而审判你。

要想这个消息成为好消息，而不单是让人害怕，就需要有一个出路，使你的背叛得到赦免，使你与这位君王得以和好。这正是我们在新约里看到的：不仅宣称耶稣是主，而且这位主耶稣已经被钉十字架，所以罪人罪得赦免，得以进入他国度的喜乐中。离开这点，宣称"耶稣是主"不过是宣判死刑。

第二，"创造—堕落—救赎—成全"不是福音

很多基督徒以创造、堕落、救赎和成全这四个词概括圣经的脉络。

实际上，这是个概括圣经脉络很好的方式。神创造世界，人犯罪，神在弥赛亚耶稣里作工为自己救赎一群子民，历史的结局是神荣耀的国度最终成全。从《创世记》到《启示录》，这是个记忆圣经基本叙事的极好方法。当你正确地理解并陈述时，"创造—堕落—救赎—成全"这个脉络为忠实地呈现基于圣经的福音信息提供了好的框架。

然而问题在于，一些人错误地使用这一框架，将福音的重点放在了神应许更新这个世界上，而不是十字架上。因此，"创造—堕落—救赎—成全"这个"福音"经常呈现为以下内容：

福音就是这样的消息：起初神创造世界和其上万物。世界原本是好的，但是人类背叛了神的统治，使世界陷入混乱。人与神之间的关系破裂了，人与人，人与自己，人与世界的关系也破裂了。但是堕落之后，神应许差遣一位君王，这位君王将为自己救赎一群子民，并使受造物与神和好。这一应许因着耶稣基督的到来开始实现，但是要等到君王耶稣再来，应许才会最终实现，即成全。

当然这段话的每字每句都是正确的。但是上面的内容不是福音。宣告"耶稣是主"不是好消息，除非你对他的背叛得到赦免；神要更新世界也不是好消息，除非你有份于此。

当然，我们完全可以使用"创造—堕落—救赎—成全"来解释基督教的好消息。事实上，"创造"和"堕落"这两个部分与本书所讲的"神"和"人"两部分几乎一致。然而关键在于"救赎"这一部分。为了正确地宣讲福音，在这一部分，我们必须细致地解释耶稣的死亡和复活，以及神要求罪人做出的回应。如果我们只说神要救赎一群子民并要重塑这个世界，而不说他是怎么做的（通过耶稣的死和复活），以及一个人如何能有份于这一救赎（通过认罪悔改和相信耶稣），那我们就没有传讲好消息。我们只不过是泛泛地讲述了圣经的叙事，而让罪人们脸贴着窗户急切地往里看，却进不去。

第三，文化变革不是福音

通过基督徒的工作来变革文化这一观念最近似乎吸引了很多福音派的人。我认为这是个崇高的目标，我也认为努力抵抗社会上的邪恶，无论是个人抵抗还是组织性的抵抗，都是符合圣经的。保罗告诉我们要"向众人行善，向信徒一家的人更当这样"（加 6:10）。耶稣告诉我们爱我们的邻舍，包括那些外人（路 10:25-37）。耶稣也告诉我们："你们的光也当这样照在人前，叫他们看见你们的好行为，便将荣耀归给你们在天上的父。"（太 5:16）

但是很多变革派牵强附会，在圣经内容的细枝末节中寻找"救赎文化"的命令。他们认为，如果神在重塑世界，那么我们就有责任加入其中，搜集建造神国的材料，并在我们的社区、城市、国家和世界为建立神的统治作出努力。他们说："看到神在做什么，我们就必须做什么。"

让我继续把我所有的想法都摆到桌面上。关于文化变革的范式，我很严肃地在圣经和神学上保留意见。很多变革派要求把文化变革放在一个重要的优先位置上，但我认为圣经没有把文化变革放在这样的一个位置上。原因有几点。一方面，我不认为《创世记》中的文化命令是单单给神的子民的，我认为是给整个人类的。我也认为人类文化的整体轨迹，无论是在圣经里还是在历史中，并不是朝向神的；虽不是方方面面，但整体而言，人类文明的轨迹是走向审判的（见启 17-19）。所以我认为很多变革派对"改变世界"持有的乐观主义是误导性的，因而会让人产生沮丧。

但是这一切都需要大量的圣经和神学探讨，也不是我在此的主要关注。实际上我认为，人既可以是坚定的变革派，又可以持守耶稣的十字架是圣经和福音的核心。毕竟，神使用被赦免、蒙救赎的他的子民来完成变革，而赦免和救赎只有借着十字架才会发生。

我主要关注的，也是我希望主张变革的朋友们能全心认同的，就是在变革派中，文化救赎经常毫无察觉地成为福音的伟大应许和重点，这当然意味着有意无意地将十字架推出中心位置。很多书更多地强调文化变革，可以说明这个情况。引发极度兴奋和喜乐的是变革文化的承诺，而不是基督在十字架上的工作。强烈的要求人们与神一起改变世界，而不是要人们悔改和信耶稣。圣经的脉络被说成以重塑世界为核心，而不是以耶稣的代死为中心。

在此过程中，基督教更少地关乎恩典和信心，而更多成为一个平庸的宗教："这样来生活，我们将改变世界"。这不是基督教，这是道德主义。

绊脚石和愚拙

我想，在末后的日子，将十字架从福音的中心挤掉，是否因为世界就是不喜欢十字架。说得好听点，他们认为这是一个荒谬的童话故事；说得难听点，这是可怕的谎言。我们真的不应该对此感到惊讶。保罗告诉过我们，就是这样子的。保罗说，十字架的信息对一些人来说是绊脚石，对其他人来说是愚拙。

再加上我们非常希望世人被福音吸引。这样，要找到一种不需要过多谈论"血腥十字架宗教"的方式，基督徒真是压力巨大。我们想让世人接受福音，而不是嘲笑福音，对吧？

但实际情况是，我们应该正直面对。十字架的信息对我们周围的人来说，会听起来毫无意义。这信息会使我们基督徒看起来像傻瓜，也必定会破坏我们与非基督徒的"认同"，使我们不能向他们证明我们和常人一样，头脑冷静，也没啥恶意。基督徒总是能让世人认为他们为人冷静，直到他们开始谈人借着一个被钉十字架的人得拯救。无论你之前多么谨慎地培养冷静，此刻都灰飞烟灭。

即便如此，圣经很明确的说，十字架必须是福音的中心。我们不能偏离这个中心，也不能以其他真理取代十字架作为好消息的关键、中心和源头。否则就是给世人没有救赎能力的东西，因此就根本不是好消息。

关于我们该如何不让福音的中心偏离十字架，圣经给了我们清楚的教导。我们要阻止这种偏离。看看保罗在《哥林多前书》对此怎么说。他知道对他身边的人来说，十字架的信息听起来是疯狂的。他知道他们会因此拒绝福音，对十字架的信息嗤之以鼻。但是即使会遭到拒绝，保罗说"我们传钉十字架的基督"（林前 1:23）。事实上，他定意"在你们中间不知道别的，只知道耶稣基督并他钉十字架"（林前 2:2）。这是因为，正如保罗在本卷书结尾所写，"基督照着圣经所记的，为我们的罪死了"这个事实不仅重要，不仅非常重要，而且是"最要紧的"（林前 15:3，新译本）。

要是这招来世人的嘲笑，怎么办？要是人们更爱更新世界的福音信息，而不是基督替罪人死的福音，怎么办？要是人们嘲笑福音，因为福音是关于一个人死在十字架上的事，怎么办？保罗说，那就这样吧。我传的是十字架。他们可能认为十字架是可笑的，可能认为十字架是愚拙的，但是我知道"神的愚拙总比人智慧"（林前 1:25）。

保罗确定十字架是他传讲的福音的中心，我们也当如此。如果我们让其他东西成为中心，那我们就是在说："我帮你跳过那堵墙。相信我，你会没事的。"

复习与讨论

本章回顾：如果没有基督的十字架，福音的信息是说不通的。没有人可以离开悔改和信心而得着救恩。对很多人来说，这听上去极其愚蠢和狭隘，这也是为什么人们通常想要撇开耶稣的死和复活，通过以其他一些事为中心来重新定义福音。但没有告诉罪人如何在一位至圣的神面前站立的"福音"都不能被称作是福音。

钥节：《哥林多前书》1章23节、25节，2章2节，15章3节；《加拉太书》6章14节

1. 读过《福音真义》之后，你是否感受到有重新定义福音的压力或者有想强调某些部分而轻忽其他部分的倾向？（104页）

2. 为什么有些人认为符合圣经的福音太狭隘了？这样的评价错在哪里？（105页）

3. 为什么宣称"耶稣是主"的福音还不足够？（106 至 107 页）

4. 的确"神要救赎一群子民并重塑这个世界"。（108 页）但这和福音的信息相同吗？

5. 在神"改变世界"的工作中我们应该如何思想我们的角色？在这方面我们应该抱有怎样的期待？（109 至 110 页）

6. 对这个世界来说福音听上去是愚拙的，为何这是一个好消息？（111 页）

7. 拥抱"神的愚拙"（林前 1:25）如何让我们对福音充满信心？（112 页）

第八章　　福音的大能

大学毕业前夕，我和两位好友心血来潮，决定从德克萨斯东部的家乡一路北上，走到黄石国家公园。那次旅行棒极了，对三个年轻人来说像是一场成年礼。

一路上风光旖旎，尽是山川、间歇泉、硫磺温泉和成群结队的麋鹿。一天早上，我们三人决定徒步一整天。为了好玩，我们决定不带地图，想看看小路通向何方。背上一些作午饭的食物和手机，我们就出发了。

那天我们走了很久。不久我们开玩笑说，黄石国家公园和我们德州东部的森林看起来没什么差别。我们四周环绕着高大的松树，时不时地，我们要跳过流经小路的溪流。没有什么可看的，我们也开始有点不耐烦了。

但是突然间，森林到了尽头，我们发现自己正站在黄石的大峡谷边缘，脚下是绵延千里的巨大裂谷。一条河横穿谷底，在阳光的照耀下波光粼粼。群鸟在脚下翱翔，云层在低空穿梭，我想它们是被峡谷纵横的气流挟持住了。

那一刻，凝视脚下让人眩晕的宽阔景致，举头望天，我感到自己极为渺小。有一会儿，我们三个人那天头一次什么话也没说。然后，一位朋友开口唱起：

> 主啊我神，我每逢举目观看，
> 你手所造一切奇妙大工……

他唱歌不是很好听，但是他的心声千真万确。接下来的几分钟，我们站在黄石大峡谷的边缘，赞美那位创造奇妙可畏美景的神。

为何忽视福音？

如果我们花时间驻足停留，认真思考福音，我认为福音会给我们带来同样的震撼。你上一次眼睛从生活琐事转向神在福音里为我们所造的大峡谷是什么时候？注视他不可测度的恩典，就是赦免背叛他的人；他令人赞叹的计划，就是差遣他的儿子为罪人受苦受死；在完全公义的国度为复活的耶稣立定宝座，将那些借耶稣的宝血被拯救、蒙救赎的人带到新天新地，在那里罪与恶永远地被战胜！

为何我经常长时间地将福音的荣美、大能和宏伟抛之脑后？为何我的思想和情感经常被愚蠢的事情支配，比如我的车是不是干净、CNN 正在播什么新闻、我是否满意今天的午饭，而不是定睛于荣耀的真理？为何我像带着眼罩一样的管理和思考我的生活，而不是从永恒的角度出发？为何这个福音老是没有深深地支配我的生命，进入我与妻儿、同事、朋友和教会成员的关系中？

我知道为什么。因为我是个罪人，世俗会残留在我的心里，与我斗争，直到耶稣再来的那日。但是我想起来争战，直到那时。我想与属灵的惰性争战，与这个世界不断让我陷入的麻木争战。我想紧紧拥抱这个福音，让福音影响我的一切，我的行动、情感、情绪、欲望、思想和意志。

我希望你也渴望这样。我希望这本书帮助你打开一条缝隙，让你能看到神在耶稣里为我们成就的大工。那现在要做什么？现在，关于耶稣的好消息如何影响我们的生命，我提几件事情，当然好消息对我们生命的影响远不止这几件。

悔改和相信

首先如果你不是基督徒，谢谢你一直读到这里。我希望你已经思考了关于耶稣的好消息，我祷告求神使福音深入你的内心。你现在要做的事情非常简单。你不需要做很多事，只有一件：为你的罪悔改，相信耶稣。这意味着认识到你属灵上的匮乏，承认你完全无力拯救自己，并来就近耶稣，让他成为你在神面前被赦免、被称义的唯一盼望。

成为基督徒不是一个劳心费力的过程。你不用努力干什么。耶稣已经为你成就了你需要的一切。福音呼召你所作的，就是心里转离罪，借着信心转向耶稣，也就是相信和信靠。福音召你到耶稣那里，对他说："耶稣，我知道我救不了自己，所以我依靠你来拯救我。"

然后一个全新的世界呈现在你面前。但这一切开始于为罪悔改和相信耶稣来拯救你。

安息与喜乐

如果你是基督徒,那么福音首先呼召你在耶稣基督里安息,并在他为你赢得的坚不可摧的救恩中喜乐。因着耶稣,因着知道借着信心我与他联合,我能够抵抗试探,不再相信我的救恩是脆弱和易逝的。无论我是否一直都能感觉到,但在漩涡般的问题之下,我知道我属于耶稣,没有人能从他的手中将我夺走。这是因为福音告诉我,我在神面前被称为义,不是基于我玩好了属灵的 Bingo 游戏,那种游戏把救恩的确据建立在一堆列表之上:结了足够的果子吗?打钩;灵修时间?打钩;属灵对话?打钩,打钩,打钩!太好了!我今天感到真的被拯救了!

想到福音是如何谈论耶稣的,前面所做的显得多么荒谬。感谢神,我与他的关系不是基于我变幻无常的意志,或是我活出公义的能力。不是的,神已经宣布了他对我的判决,那就是"被赦免"。而且这个判决永不改变,因为它永远单单扎根在耶稣里,他在十字架上替我受死,甚至现在,他在神的宝座前为我代求。

如果你是一个基督徒,那么耶稣的十字架在你一生中就像高山耸立,不可动摇,向你证明神对你的爱,证明他要把你安全地带到他面前的决心。正如保罗在《罗马书》所说："神若帮助我们，谁能敌挡我们呢？神既不爱惜自己的儿子为我们众人舍了，岂不也把万物和他一同白白地赐给我们吗？"（罗8:31-32）

爱基督的子民

基督徒，福音也应该使你更深厚、更活泼地爱神的子民，即教会。没有哪个基督徒是自己赢得神为我们存留的基业。不是我们使自己成为了天国的公民。我们与神的应许有份，仅仅是因为我们知道，我们倚赖耶稣基督拯救我们，我们依靠信心与他联合。

但是，令你意想不到的问题出现了。你是否意识到，对于教会里你厌烦的弟兄姐妹，情况是同样的？他／她所信、所爱的主耶稣与你所信、所爱的是同一位主；而且，他／她已经被同一位拯救你、赦免你的主拯救和赦免。想想就是因为你觉得你们处不来而没有认真花时间去了解的那位弟兄或姐妹。想想那个你与之关系破裂，还拒绝与其修复关系的人。现在，想想他／她所爱、所信的主与你所爱、所信的主是同一位。想想为你死的主也是为他／她而死的同一位主。

虽然你不配，但耶稣拯救了你。对耶稣基督的福音，对这个好消息，你的理解是否深入到可以让你咽下对弟兄姐妹的批评指责。你的理解是否深入到可以淹没他们对你犯下的过错，甚至是那些最痛苦的；是否可以引领你像耶稣原谅你、爱你那样去原谅他们、爱他们。

神对你长阔高深的爱是否让你更加爱别人。

向世界传讲福音

神对你的恩典是否也使你更爱身边的人，盼望他们认识和相信耶稣基督。如果我们真正明白神给我们的恩典，我们就会热切期待别人也得到同样的恩典。

耶稣复活后向门徒们显现，告诉他们："照经上所写的，基督必受害，第三日从死里复活，并且人要奉他的名传悔改、赦罪的道，从耶路撒冷起直传到万邦。"耶稣清楚地告诉门徒们，神的伟大计划是为他自己救赎一群子民。让人震惊的是，耶稣接着加上一句"你们就是这些事的见证"（路 24:46-48）。我总是想象，听到这些时门徒们的脸色肯定变得煞白。神的旨意就是救赎世人，而此刻耶稣告诉他们，这个旨意要借着他们来实现。

不知道你怎么样，但是我感到无法胜任。神要借着我们实现他在世界上的旨意？不可思议！但是如果你感到自己不配和无法胜任，那我给你点鼓励。你是不配，也确实无法胜任。这算什么鼓励？看看我们自己，脆弱不堪的人，每一天仍在与罪争战。然而耶稣对我们说："你们会是我的见证。"这是神要借着我们宣讲福音拯救罪人，无论是通过讲道、教导，还是和朋友、家人、同事共餐时的聊天。

你有没有想过，在《使徒行传》第 10 章中对哥尼流说话的天使为什么不自己告诉他福音？为什么那么麻烦地让哥尼流派人去找在远处的彼得？如果天使能告诉哥尼流这些事，肯定也能告诉他福音。但是不然，神已经决定，福音要借着他子民的口被传扬，就是那些接受耶稣的好消息、知道耶稣的赦免的人。

如果你是个基督徒，要知道你手中握有世人能听到的唯一的救恩信息。永远不会有另一个福音，也没有别的方法使人们从罪中得拯救。如果你的朋友、家人和同事从罪中被拯救，那是因为有人给他们讲了耶稣基督的福音。这就是为什么耶稣派我们到全世界各地，对万民传讲、教导这个好消息。这也是保罗在《罗马书》第 10 章的意思，他问道："未曾听见他，怎能信他呢？没有传道的，怎能听见呢？"（罗 10:14）身为基督徒，我们能做的好事情有很多。但事实上，不是基督徒的人也可以欢喜地做其中大部分的好事情。但是，如果我们基督徒不去传讲耶稣的福音，还有谁会呢？没有人。

所以让福音真理进入你的心，甚至为了那些不认识耶稣基督的人，破碎你的心。默想一下，你的朋友、家人和同事，站在公义的审判者神面前，但却没有耶稣基督，这意味着什么。回想神的恩典在你的生命中做了什么，想象一下神会在他们的生命中做什么。然后深呼吸，祷告求神的灵做工，让你开口传讲福音。

渴望他

最后，福音应该促使我们盼望将来的日子。在那天，我们的君王耶稣会来完全、永远地建立他的国度。这不是仅仅盼望最终得以在国度里。我们盼望耶稣再来，不只是因为我们将生活在一个邪恶战败、正义统治的世界。

这些都是美好的应许，但是还不够宏大。如果我们正确理解福音，我们会更加盼望那位君王，而不是那个国度。福音使我们认识他、爱他，并因此渴望与他在一起。耶稣说："我在哪里，愿（他们）也同我在那里。"（约 17:24）我们也切望与千千万万其他信徒一起敬拜他，与他同在。

关于神为我们这些爱他的人预备了什么，《启示录》中有一处奇妙的场景。虽然只是一个线索，但是在这得救子民敬拜耶稣基督的画面中，你仍然能够感受到强烈的得胜、喜乐和安息。

> 此后，我观看，见有许多的人，没有人能数过来，是从各国、各族、各民、各方来的，站在宝座和羔羊面前，身穿白衣，手拿棕树枝，大声喊着说："愿救恩归与坐在宝座上我们的神，也归与羔羊。"（启 7:9-10）

那日就是福音让我们盼望的日子。历经试炼逼迫，经受痛苦试探，遭受引诱冷漠，世界使我们身心疲惫，福音却将我们指向天上。在那里，我们的君王耶稣，就是替我们被钉十字架，从死人中荣耀复活的神的羔羊，现在正坐着为我们代求。不仅如此，福音也呼召我们前行，直到最后的日子。那日，天上将有大响声，成千上万被赦免的人赞美耶稣是被钉十字架的救主和复活的君王。

复习与讨论

本章回顾：天堂的这一边，基督徒仍然与罪争战。这是为什么我们会忘记，甚至在一些时刻忽略了福音的能力和美丽。我们该如何重新调整我们的心思意念，让我们不至于滑向属灵的懒惰？我们该如何以这个好消息为中心地来激励我们的日常生活？

钥节：《马太福音》28 章 18 至 20 节；《路加福音》24 章 46 至 48 节；《罗马书》8 章 31 至 32 节，10 章 14 节；《启示录》7 章 9 至 10 节

1. 如果你还不是基督徒，在你读过此书后，有哪些你之前持有的对基督教的看法被挑战了？你是否已经准备好通过相信耶稣来得救？（117 页）

2. 如果你是基督徒，这本书是否帮助你记住你救恩的稳固是建立在基督的美善而不是你的美德里？请解释。之后请思想它，安居于它，在它里面安息并以此为乐。（118 至 119 页）

3. 福音如何教导并激励我们爱基督的子民？实际来说，目前你与本地教会的关系如何？（119 至 120 页）

4. 神期待他的子民和其他人分享福音。这会如何成为你的属灵操练？（120 至 121 页）

5. 在《启示录》7 章 9 至 10 节，约翰让我们看到这个世界终了的样子。我们知道这一切都会朝哪儿发展。这在哪些方面让你看到了你的罪？它如何鼓励你？（122 至 123 页）

特别致谢

和任何一本书的出版一样，本书作者也要向无数的人表示感谢。人不是闭门自学和思考的，在过去的十几年里，无数个弟兄姊妹和我就福音有过沟通和思想交流。但我想对其中几位特别道一声"谢谢"。

首先，感谢优秀的 Crossway 出版社团队，谢谢你们给一个不知名的作者这次机会。如果主愿意使用这本书来建造他的教会，也是通过你们来成全的。

感谢九标志事工团队鼓励我写这本书，这本书的脱稿离不开他们的努力。舒马特（Matt Schmucker）盼望全球教会健康的异象和热情鼓舞人心，我很荣幸能认识他并与他同工。约拿单 · 李曼（Jonathan Leeman）在本书的写作过程中给了我极大的帮助。通过交谈、邮件和修订，他使本书更加完善。也要感谢鲍比 · 杰米森（Bobby Jamieson）与我谈论神的国，害他喝了不少咖啡。在这个团队里真是何等喜乐啊！

感谢我亲爱的弟兄狄马可（Mark Dever），谢谢你敦促我写出我的第一本书。我欠你的情谊难以言表。我很自豪能称呼你为我的属灵导师。我也很高兴我们的主将我带回华盛顿待了一段时间，这对我们两人都是惊喜。主是如此恩慈，赐给我们一起同工的时间。

最后，谢谢我坚强而美丽的妻子莫丽娅（Moriah），她是如此爱我和关心我。当我沉浸研究某个棘手的神学问题时，她也对我有超常的耐心。宝贝，我深深地爱你。

经文索引

IX 9Marks

我们的使命：

九标志事工存在的目的是用圣经视野和实用资源装备教会领袖，进而通过健康的教会向世界彰显神的荣耀。

为此，我们希望帮助教会在常常被忽略的，却是健康教会当有的九个标志上成长：

I. 解经式讲道

II. 基于圣经的神学

III. 基于圣经的福音信息

IV. 基于圣经理解悔改归主

V. 基于圣经理解福音布道

VI. 基于圣经理解教会成员制度

VII. 基于圣经理解教会纪律

VIII. 基于圣经理解门徒训练

IX. 基于圣经理解教会带领

在九标志事工网站，我们会发表文章、书籍、书评和电子期刊。我们同时也举办大会、访谈教会领袖并提供其他资源来装备教会以彰显神的荣耀。

您可以访问我们的中文网站（https://cn.9marks.org/），也可以扫描右侧二维码订阅我们的微信公众号来获取更多的资源。

九标志已经翻译出版的"建造健康教会"系列书籍有：

《教会成员制》（*Church Membership*），约拿单·李曼（Jonathan Leeman）著，2014。

《解经式讲道》（*Expositional Preaching*），大卫·赫尔姆（David Helm）著，2015。

《教会纪律》（*Church Discipline*），约拿单·李曼（Jonathan Leeman）著，2015。

《长老职分》（*Church Elders*），杰拉米·莱尼（Jeramie Rinne）著，2015。

《门徒训练》（*Discipling*），狄马可（Mark Dever）著，2017。

《福音布道》（*Evangelism*），J. 史麦克（J. Mack Stiles）著，2018。

《福音》（*The Gospel*），雷·奥特伦（Ray Ortlund）著，2019。

《纯正教义》（*Sound Doctrine*），鲍比·杰米森（Bobby Jamieson）著，2019。

九标志已经翻译出版的其他九标志书籍有：

《健康的教会成员》（*What Is a Healthy Church Member?*），安泰博（Thabiti M. Anyabwile）著，2014。

《健康教会的九个标志·学习手册》（*Nine Marks of a Healthy Church Booklet*），狄马可（Mark Dever）著，2014。

《神荣耀的彰显：会众制教会治理》（*A Display of God's Glory: Basics of Church Structure*），狄马可（Mark Dever）著，2014。

《福音真义》（*What Is the Gospel?*），纪格睿（Greg Gilbert）著，

2015。

《凭谁权柄：浸信会中的长老》（*By Whose Authority?Elders in Baptist Life*），狄马可（Mark Dever）著，2015。

《何谓健康教会》（*What Is a Healthy Church?*），狄马可（Mark Dever）著，2015。

《耶稣是谁》（*Who Is Jesus?*），纪格睿（Greg Gilbert）著，2016。

《福音信息与个人布道》（*The Gospel and Personal Evangelism*），狄马可（Mark Dever）著，2016。

《我真是基督徒吗？》（*Am I Really a Christian?*），迈克·麦金利（Mike McKinley）著，2016。

《教会》（*The Church*），狄马可（Mark Dever）著，2017。

《教会生活中的长老》（*Elders in the Life of the Church*），费尔·牛顿（Phil. A. Newton）与马太·舒马克（Matt Schmucker）合著，2017。

《迷人的共同体》（*The Compelling Community*），狄马可（Mark Dever）与邓洁明（Jamie Dunlop）合著，2018。

《牧师的辅导事工》（*The Pastor and Counseling*），杰里米·皮埃尔（Jeremy Pierre）与迪帕克·瑞吉（Deepak Reju）合著，2018。

《寻找忠心的长老和执事》（*Finding Faithful Elders and Deacons*），安泰博（Thabiti M. Anyabwile）著，2018。

《为何相信圣经》（*Why Trust the Bible?*），纪格睿（Greg Gilbert）著，2018。

《以圣道为中心的教会》(*Word-Centered Church*),约拿单·李曼(Jonathan Leeman)著,2019。

《什么是教会的使命?》(*What Is the Mission of the Church?*),凯文·德扬(Kevin DeYoung)与纪格睿(Greg Gilbert)合著,2019。

《艰难之地的教会》(*Church in Hard Places*),麦茨·麦可尼(MezMcConnell)与迈克·麦金利(Mike McKinley)合著,2019。

九标志已经翻译的合作伙伴书籍有:

《竖起你的耳朵来:实用听道指南》(*Listen Up! A Practical Guide to Listening to Sermons*),克里斯托弗·艾许(Christopher Ash)著,2015。

《以基督为中心的婚礼》(*A Christ-Centered Wedding: Rejoicing in the Gospel on Your Big Day*),凯瑟琳·帕克斯(Catherine Parks)与琳达·斯特罗德(Linda Strode)合著,2016。

《家庭敬拜》(*Family Worship*),唐·惠特尼(Donald S. Whitney)著,2018。

其他机构出版的九标志中文书籍有:

《健康教会九标志》(*Nine Marks of a Healthy Church*),狄马可(Mark Dever)著,美国麦种传道会,2009。

《深思熟虑的教会》(*The Deliberate Church*),狄马可(Mark

Dever）与亚保罗（Paul Alexander）合著，美国麦种传道会，2011。

《圣经神学与教会生活》（*Biblical Theology in the Life of the Church*），迈克·劳伦斯（Michael Lawrence）著，中华三一出版有限公司，2018。

Printed in the USA
CPSIA information can be obtained
at www.ICGtesting.com
LVHW010536061023
760246LV00004B/246